새 이화 한국어

orkbook

3-1

이화여자대학교 언어교육원 지음

이정연 • 김민정 • 윤여옥
전우주 • 최형연 • 주현하

이화여자대학교출판문화원

머리말

이화여자대학교 언어교육원은 외국인 학습자들에게 한국어 학습의 길잡이가 된 『이화 한국어』를 이을 새로운 의사소통 중심 교재인 『새 이화 한국어』를 2023년에 발간하였습니다. 새로운 시대 흐름에 맞춘 교재인 『새 이화 한국어』를 발간함과 동시에 교재에서 다룬 내용을 재확인하고 내재화시킬 수 있도록 연습서인 『새 이화 한국어 Workbook』도 발간하기에 이르렀습니다.

『새 이화 한국어 Workbook 3』은 교재에서 다룬 어휘와 표현, 문법, 듣기, 말하기, 읽기, 쓰기의 내용을 바탕으로 다양한 활용 연습이 가능하도록 설계하였습니다. 또한 학습자들의 문법 사용 능력과 의사소통 능력 향상을 동시에 향상시키고자 도모하였으며 이를 위해 정확성과 유창성을 기를 수 있도록 다양한 연습 문제를 제공하였습니다.

특히 교재에서 학습한 어휘와 표현의 의미를 정확히 파악하고 이를 실생활에서 활용할 수 있도록 연습 문제를 구성하였습니다. 또한 한국어 표현 능력 강화를 위해 말하기는 핵심어를 제시하여 실제적인 대화를 구성할 수 있도록 하였으며 쓰기는 글의 형식에 맞춰 주제 중심의 단락을 구성하는 연습이 가능하도록 하였습니다. 이와 더불어 듣기와 쓰기, 읽기와 쓰기 등 다양한 언어 기능을 연계하여 통합적인 연습이 이루어질 수 있도록 문제를 구성하였습니다. 무엇보다 각 단원의 문법 설명을 부록으로 제공하여 학습자들이 스스로 학습할 수 있도록 하였습니다. 이러한 노력들이 한국어 학습자들에게 효과적인 연습 도구가 되기를 기대합니다.

이 책이 발간되기까지 많은 분들의 땀과 노고가 있었습니다. 이화여자대학교 언어교육원을 대표하여, 좋은 워크북을 개발하기 위해 밤낮으로 고민하고 집필에 매진하신 저자 분들께 깊은 감사를 드립니다. 또한 워크북이 발간되기까지 여러 가지 행정적 지원을 아끼지 않고 수고해 주신 언어교육원 행정실에도 진심으로 감사를 드립니다. 그리고 감수를 맡아 이 책의 구성과 내용에 많은 조언을 해 주신 김현진 교수님께도 감사의 말씀을 드립니다. 마지막으로 이렇게 멋진 모습으로 워크북이 발간될 수 있도록 편집과 출판을 맡아 주신 이화여자대학교출판문화원에도 깊은 감사의 마음을 전합니다.

아무쪼록 이 책이 국내외에서 널리 활용되어 한국어를 쉬우면서도 재미있고 효과적으로 교수·학습하는 데에 크게 기여하기를 바랍니다. 아울러 앞으로 나아가야 할 한국어 교육의 방향을 선도하는 역할도 하게 되기를 기대합니다.

2025년 6월

이화여자대학교 언어교육원

원장 박선희

차례

Workbook 구성표

단원	단원명	어휘와 표현	문법	
1단원	새 학기, 새로운 시작	학교생활 유학 생활의 목표와 노력	V-는 중이다 V-자마자 A/V-거든요 V-기 위해(서)	더 N에 대해(서), N에 대한
2단원	성격과 외모	성격 액세서리	A/V-(으)ㄴ/는 편이다 A/V-(ㄴ/는)다 A/V-잖아요 A-아/어 보이다	더 N 말고 더 A/V-(ㄴ/는)다
3단원	여가 활동	여가 활동의 장점 동호회 활동	V-고 나다 V-(으)니까(발견) V-(으)려면 A/V-았/었으면 좋겠다	더 A/V-(으)ㄴ/는지
4단원	소식과 정보	안부 대학 지원	V-(으)면서 V-는 대신(에)(대체) A/V-(ㄴ/는)다고 하다 V-(으)라고 하다	더 A/V-(으)ㄴ/는 대신에(보상) 더 N(이)라고 하다 더 A/V-(ㄴ/는)대요, N(이)래요 더 V-(으)래요
5단원	건강과 생활 습관	증상 생활 습관	V-다가 사동사 A/V-도록 V-게 하다	더 -시키다
6단원	내가 사는 도시	도시와 시골 여행지의 특징	A/V-았/었었- A/V-(으)ㄴ/는 반면(에) A/V-던 A/V-(으)ㄹ 뿐(만) 아니라	더 A/V-(으)ㄴ/는 덕분에

듣고 쓰기	말하기	읽고 쓰기
학교 시설에 대한 대화 듣고 쓰기 한국에서 하고 싶은 일에 대한 대화 듣고 쓰기	이번 학기에 하고 싶은 활동에 대해 말하기 친구의 걱정에 대해 조언하는 말하기	유학생을 인터뷰한 기사의 글 읽기 성공적인 유학 생활을 위한 결심의 글 쓰기
성격에 대한 대화 듣고 쓰기 성격 차이에 대한 대화 듣고 쓰기	성격 유형에 대해 말하기 특별한 날의 옷차림을 추천하는 말하기	인물의 외모를 묘사한 게시판 글 읽기 인물 묘사의 글 쓰기
여가 활동의 장점에 대한 대화 듣고 쓰기 여가 활동에 필요한 물건에 대한 대화 듣고 쓰기	새로 시작한 여가 활동에 대해 말하기 친구에게 맞는 여가 활동을 추천하는 말하기	동호회를 소개하는 기사의 글 읽기 동호회 광고의 글 쓰기
안부를 묻는 대화 듣고 쓰기 유명인의 새 소식에 대한 인터뷰 방송 듣고 쓰기	유명인의 새 소식에 대해 말하기 지원할 때 알아야 할 정보를 전달하는 말하기	여행 정보를 부탁하는 이메일 읽기 정보를 부탁하는 편지글 쓰기
건강 정보 소개하는 인터넷 방송 듣고 쓰기 증상에 대한 상담 대화 듣고 쓰기	여름을 안전하게 보내는 방법에 대해 말하기 어렸을 때부터 지켜 온 습관에 대해 말하기	스트레스 해소법을 소개하는 게시판 글 읽기 생활 습관의 원인과 해결 방법에 대한 글 쓰기
도시 생활의 장단점에 대한 대화 듣고 쓰기 도시를 소개하는 대화 듣고 쓰기	전원생활의 즐거움에 대해 말하기 서울의 명소 소개하는 말하기	여행지를 소개하는 광고의 글 읽기 두 도시 비교의 글 쓰기

더 더 알아보기

Workbook 구성과 사용법

- 『새 이화 한국어 Workbook 3-1』, 『새 이화 한국어 Workbook 3-2』는 『새 이화 한국어 3-1』, 『새 이화 한국어 3-2』에 맞춰 개발된 연습서이다.
- 교재에서 학습한 내용의 보충, 심화 학습이 가능하도록 설계되었으며 학습한 내용을 스스로 공부할 수 있도록 개인 학습용으로 개발되었다.
- 각 단원은 '어휘와 표현', '문법', '듣고 쓰기', '말하기', '읽고 쓰기' 총 5개 영역으로 구성되어 있다.
- 각 단원별 연습 문제 이외에 문법에 대한 주요 설명이 별도의 부록으로 구성되어 있다.

어휘와 표현

교재의 소단원 1, 3에서 다룬 '어휘와 표현'의 연습 부분이다. 어휘와 표현의 의미를 확인, 점검하는 문제와 이를 활용해 어휘 사용 능력을 향상시킬 수 있는 다양한 유형의 연습 문제로 구성하였다.

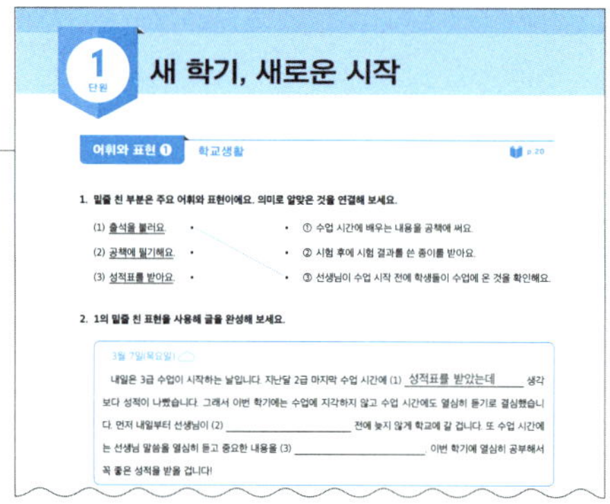

문법

교재의 소단원 1, 2, 3에서 다룬 '문법'의 연습 부분이다. 정확한 문법 사용 능력을 기를 수 있도록 각 목표 문법을 활용한 문장 만들기, 대화 만들기, 고쳐 쓰기 등의 연습 문제로 구성하였다. 문법과 더불어 '더 알아보기'의 연습 문제도 같이 제공하였다.

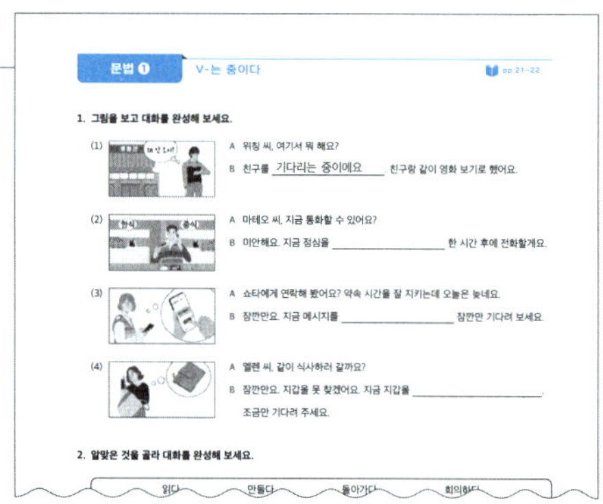

듣고 쓰기

교재의 소단원 1, 2에서 다룬 '듣기'의 연습 부분이다. 교재에서 제시한 주요 표현이 사용된 대화를 듣고 내용을 확인하는 문제와 교재와 비슷한 주제의 대화문을 듣고 주요 문법 및 표현을 빈칸에 요약해 쓰는 연습 문제로 구성하였다.

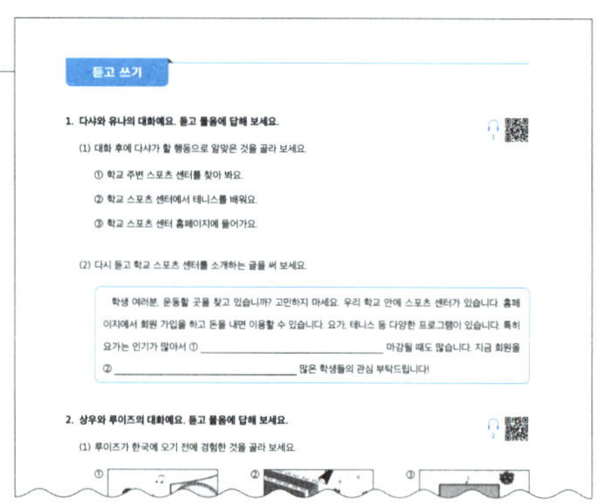

말하기

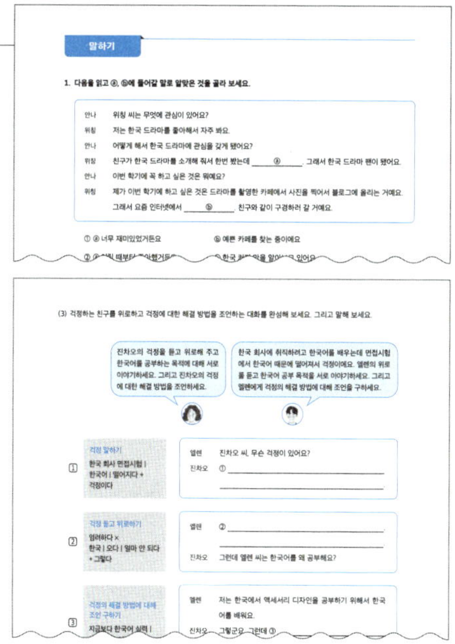

교재의 소단원 2, 3에서 다룬 '말하기'의 연습 부분이다. 소단원 2 말하기 연습 문제는 교재에서 제시한 주요 표현을 담화 맥락을 통해 연습할 수 있도록 구성하였다.

소단원 3 말하기 연습은 교재에 제시된 기능 표현을 연습하는 문제와 핵심어를 활용해 대화문을 만드는 문제로 구성하였다. 이를 통해 기능 표현의 의미를 대화문 속에서 파악하고 핵심어를 보면서 대화를 완성하는 연습을 할 수 있게 설계하였다. 대화문을 만드는 연습의 모범 대화문을 부록에 제시하여 스스로 확인할 수 있게 하였다.

핵심어 기호

ㅇ : 긍정　× : 부정　| : 조사, 표현　+ : 연결 어미

읽고 쓰기

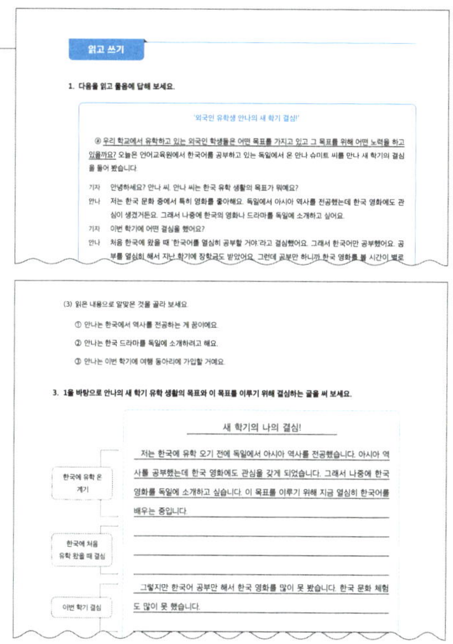

교재의 소단원 3에서 다룬 '읽고 쓰기'의 연습 부분이다. 읽기는 교재 읽기에서 제시한 주제와 관련된 내용의 글을 다양한 텍스트 유형으로 구현하여 제공하였다. 연습 문제는 교재의 읽기 전략을 연습할 수 있는 문제와 내용 이해 문제를 제공하여 이해 능력을 향상시킬 수 있도록 구성하였다.

쓰기는 교재 읽기 텍스트 유형과 동일한 글을 쓰게 하기 위해서 워크북 읽기 내용을 활용해 글을 쓰는 활동으로 구성하였다. 학습자들의 쓰기 활동을 돕고자 교재에서 제시한 도움 질문을 활용해 글을 완성할 수 있게 하였다. 부록에 모범 글을 제시하여 스스로 확인이 가능하게 하였다.

문법 설명

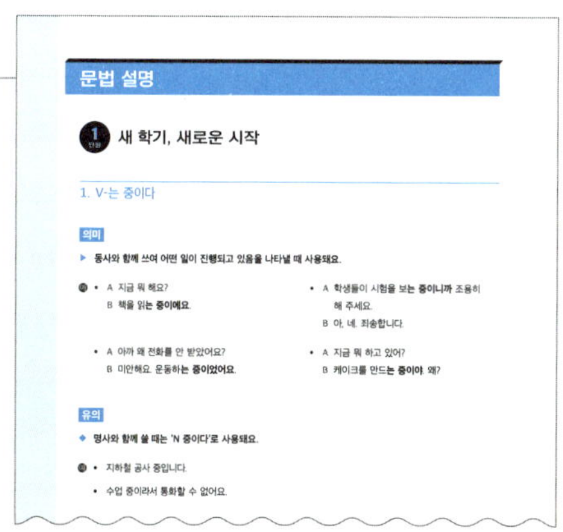

교재 소단원 1, 2, 3에서 다룬 '문법' 및 '더 알아보기'에 대한 설명 부분이다. 각 문법의 의미를 자세한 설명과 함께 부록으로 제시하였다. 문법의 의미와 함께 다양한 예를 대화문으로 제시함으로써 문법에 대한 이해를 돕고자 하였다. 문법 활용 시 유의할 점도 예와 같이 제공하여 오류를 줄이고자 하였다.

1 단원 새 학기, 새로운 시작

어휘와 표현 ❶ 학교생활

p.20

1. 밑줄 친 부분은 주요 어휘와 표현이에요. 의미로 알맞은 것을 연결해 보세요.

(1) 출석을 불러요. •　　　　• ① 수업 시간에 배우는 내용을 공책에 써요.

(2) 공책에 필기해요. •　　　　• ② 시험 후에 시험 결과를 쓴 종이를 받아요.

(3) 성적표를 받아요. •　　　　• ③ 선생님이 수업 시작 전에 학생들이 수업에 온 것을 확인해요.

2. 1의 밑줄 친 표현을 사용해 글을 완성해 보세요.

3월 7일(목요일)

내일은 3급 수업이 시작하는 날입니다. 지난달 2급 마지막 수업 시간에 (1) 성적표를 받았는데 생각보다 성적이 나빴습니다. 그래서 이번 학기에는 수업에 지각하지 않고 수업 시간에도 열심히 듣기로 결심했습니다. 먼저 내일부터 선생님이 (2) ____________ 전에 늦지 않게 학교에 갈 겁니다. 또 수업 시간에는 선생님 말씀을 열심히 듣고 중요한 내용을 (3) ____________. 이번 학기에 열심히 공부해서 꼭 좋은 성적을 받을 겁니다!

3. 알맞은 것을 골라 대화를 완성해 보세요.

자료를 찾다	책을 대출하다	대출 기간을 연장하다

엘렌　안나, 도서관에 가서 책을 빌리려고 하는데 도서관 이용해 봤어? 발표 준비하고 있는데 인터넷에서 (1) 자료를 찾을 수가 없어.

안나　학생증 있지? 학생증을 가지고 가면 도서관에서 한 번에 10권 정도 (2) ____________ 수 있어. 빌리고 싶은 책을 직원에게 보여 주거나 자동대출반납기를 이용하면 돼.

엘렌　책은 얼마 동안 빌릴 수 있어?

안나　보통 14일 정도 빌릴 수 있는데 더 보고 싶으면 (3) ____________ 돼.

엘렌　그렇구나. 고마워. 오늘 수업 후에 도서관에 가 볼게.

유학 생활의 목표와 노력

p.32

1. 알맞은 것을 골라 대화를 완성해 보세요.

회사를 차리다	일자리를 구하다	대기업에 취직하다	대학교에 진학하다

A 한국어 공부를 마친 후에 특별한 계획이 있어요?

(1) B 고향에 가서 회사를 차릴 거예요. 회사 사장이 되는 게 꿈이었거든요.

(2) B 한국에서 대학교에 다니고 싶어요. 그래서 내년에 ____________________.

(3) B 일도 하고 한국어 연습도 하고 싶어요. 그래서 카페 아르바이트 같은 ____________________.

(4) B 삼성이나 네이버 같은 큰 회사에서 일해 보고 싶었어요. 취업 준비해서 ____________________.

2. 밑줄 친 부분은 주요 어휘와 표현이에요. 관계있는 것을 골라 문장을 완성해 보세요.

(1) 시험 문제는 어려웠지만 끝까지 ②

(2) 수업 시간에 휴대 전화를 보지 말고 ____

(3) 매일 한국 친구와 말하기 연습을 하면 ____

(4) 새해에는 날마다 한 시간씩 운동하기로 ____

① 굳게 결심했어요.

② 최선을 다했어요.

③ 수업에 집중하세요.

④ 한국어 실력을 기를 수 있어요.

3. 2의 밑줄 친 표현을 사용해 대화를 완성해 보세요.

한국에서 대학교에 진학하고 싶은데 어떻게 준비하면 될까요?

한국어를 잘해야 돼요. 먼저 한국어 공부를 열심히 해서 (1) 한국어 실력을 기르세요. 그리고 한국어를 배울 때 (2) ____________________ 선생님 말씀을 열심히 들으세요. 그러면 한국어를 잘하게 될 거예요.

유학 생활의 목표를 이루기 위해 어떻게 하면 좋을까요?

먼저 자신과 약속을 하세요. 그리고 그 목표를 위해 '목표를 꼭 이룰 거야!'라고 마음속으로 (3) ____________________. 힘들지만 포기하지 말고 (4) ____________________. 그러면 반드시 목표를 이룰 수 있을 거예요.

문법 ① V-는 중이다

pp.21~22

1. 그림을 보고 대화를 완성해 보세요.

(1) 

A 위칭 씨, 여기서 뭐 해요?

B 친구를 기다리는 중이에요. 친구랑 같이 영화 보기로 했어요.

(2) 

A 마테오 씨, 지금 통화할 수 있어요?

B 미안해요. 지금 점심을 ________________ 한 시간 후에 전화할게요.

(3) 

A 쇼타에게 연락해 봤어요? 약속 시간을 잘 지키는데 오늘은 늦네요.

B 잠깐만요. 지금 메시지를 ________________ 잠깐만 기다려 보세요.

(4) 

A 엘렌 씨, 같이 식사하러 갈까요?

B 잠깐만요. 지갑을 못 찾겠어요. 지금 지갑을 ________________.

조금만 기다려 주세요.

2. 알맞은 것을 골라 대화를 완성해 보세요.

읽다	만들다	돌아가다	회의하다

(1) A 다샤 씨, 어디에 가요?

B 휴대 전화를 기숙사에 놓고 와서 기숙사로 다시 돌아가는 중이에요.

(2) A 진차오 씨, 아까 전화했죠? ________________ 못 받았어요. 미안해요.

B 아니에요. 괜찮아요. 물어볼 게 있어서 전화했어요.

(3) A 루이즈, 지금 뭐 보고 있어?

B 선생님이 이메일을 보내셨어. 그래서 지금 이메일을 ________________.

(4) A 진영 씨, 안나 생일 선물을 샀어요?

B 아니요. 생일 선물로 꽃다발을 만들어서 주려고 해요. 지금 꽃다발을 ________________.

1. 그림을 보고 문장을 완성해 보세요.

(1)

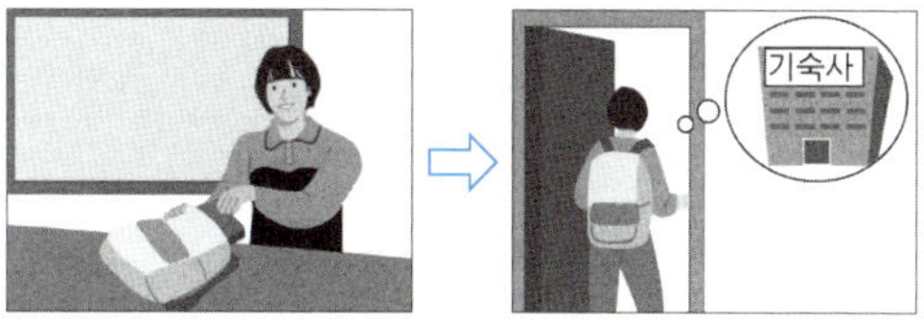

위칭은 보통 수업이 끝나자마자 기숙사에 가요.

(2)

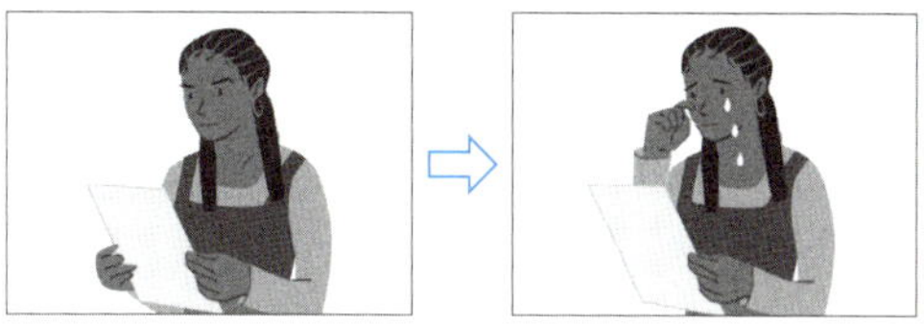

루이즈는 엄마 편지를 ________ 눈물이 났어요.

(3)

조슈아는 한국에 ________ 부모님께 전화를 걸었어요.

(4)

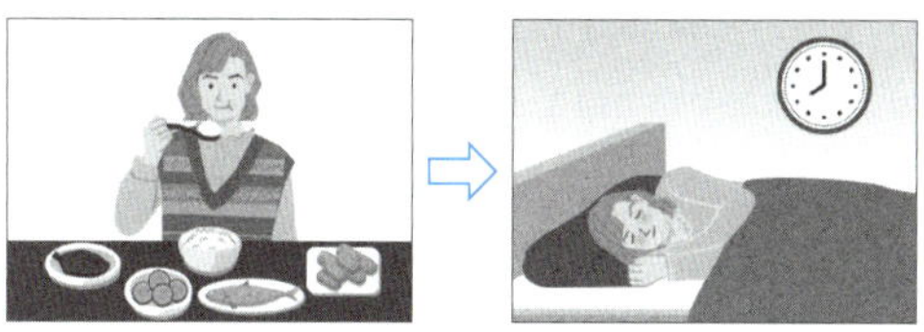

안나는 밥을 ________ 바로 침대에 눕는 습관이 있어요.

2. 알맞은 것을 골라 대화를 완성해 보세요.

듣다	받다	시작되다	졸업하다

(1) A 시험이 벌써 끝났어? 시험 시간이 아직 30분이나 남았는데…….
B 응. 시험지를 받자마자 외운 내용을 빨리 쓰고 나왔어.

(2) A 다샤 씨, 콘서트 표를 샀어요?
B 네. 어제 인터넷 예매 사이트에서 예매가 ________ 바로 샀어요.

(3) A 이 노래 들어봤어? 난 노래를 ________ 노래가 너무 좋아서 앨범을 샀어.
B 그래? 나도 한번 들어 봐야겠네.

(4) A 상우 씨, 졸업한 후에 뭐 할 거예요?
B 저는 ________ 회사에 취직하려고 해요. 그래서 요즘 회사를 알아보고 있어요.

문법 ❸ A/V-거든요

pp.26~27

1. 알맞은 것을 골라 대화를 완성해 보세요.

가다	많다	막히다	바쁘다

(1) A 오늘 너무 멋진데요. 무슨 일이 있어요?

B 네. 오후에 친한 친구 결혼식에 가거든요.

(2) A 퇴근 후에 같이 저녁 먹으러 갈래요?

B 오늘 야근해야 돼요. 요즘 일이 ________________.

(3) A 왜 이렇게 늦었어요? 너무 늦어서 걱정했어요.

B 미안해요. 근처에서 사고가 나서 길이 많이 ________________.

(4) A 오후에 잠깐 시간 돼요? 저 좀 도와줄 수 있어요?

B 미안해요. 제가 출장 준비로 좀 ________________. 이 일 끝나면 도와드릴게요.

2. 대화를 완성해 보세요.

A 왜 한국어를 공부해요?

(1) B 할머니와 한국어로 이야기하고 싶어서요. 할머니가 한국 사람이시거든요. (한국 사람이시다)

(2) B 한국 대학교에 ________________. (다니고 싶다) 그래서 열심히 공부하고 있어요.

(3) B 예전부터 한국 문화에 관심이 ________________. (있다) 한국어도 배우고 한국 문화도 공부하려고요.

A 왜 그렇게 기분이 좋아요?

(4) B 내일부터 ________________. (방학이다) 그래서 너무 신나요.

(5) B 가고 싶은 학교에 ________________. (합격하다) 정말 꿈만 같아요.

(6) B 주말에 친한 친구랑 같이 ________________. (여행 가다) 그래서 기분이 좋아요.

문법 ❹ V-기 위해(서)

pp.33~34

1. 관계있는 것을 연결하고 문장을 만들어 보세요.

(1) 건강을 지키다 • • ① 알람을 켜고 잤다

(2) 발표 준비를 하다 • • ② 한국에 여행을 왔다

(3) 맛있는 한식을 먹다 • • ③ 규칙적으로 운동하다

(4) 수업 시간에 늦지 않다 • • ④ 인터넷에서 자료를 찾다

(5) 졸업 후에 회사를 차리다 • • ⑤ 5년 전부터 은행에 저금하고 있다

(1) 안나는 건강을 지키기 위해(서) 규칙적으로 운동해요.

(2) 상우는 발표 준비를 ______________________.

(3) 마테오는 맛있는 한식을 ______________________.

(4) 다샤는 수업 시간에 ______________________.

(5) 엘렌은 졸업 후에 회사를 ______________________.

2. 알맞은 것을 골라 대화를 완성해 보세요.

받다	붙다	모으다	취직하다

A 여러분은 올해 목표가 있습니까? 그 목표를 이루기 위해 요즘 어떤 노력을 하고 있습니까?

(1) B 돈을 모으기 위해(서) 아르바이트를 하고 있습니다.

(2) B 한국 회사에 ______________ 면접 준비를 하고 있습니다.

(3) B 가수 오디션에 ______________ 노래 연습을 하고 있습니다.

(4) B 좋은 성적을 ______________ 매일 세 시간씩 공부하고 있습니다.

1. 알맞은 것을 골라 ○표 해 보세요.

(1) A 엘렌에 (대한, 대해서) 소식을 들었어요?
B 아니요. 못 들었어요. 왜요? 무슨 일이 있어요?

(2) A 요즘 무슨 책을 읽습니까?
B 저는 요즘 역사에 (대한, 대해서) 책을 읽고 있습니다.

(3) A 오늘 시간 있어? 어제 일에 (대한, 대해서) 같이 얘기 좀 할 수 있어?
B 그래. 수업 끝난 후에 내가 연락할게.

(4) A 부산 여행 계획은 잘 세웠어요?
B 아니요. 아직 계획을 못 세웠어요. 지금 부산 여행지에 (대한, 대해서) 알아보고 있어요.

(5) A 제주도에 가면 어디에 가 보는 게 좋아요? 부모님이 한국에 오시는데 모시고 가려고요.
B 저는 제주도에 (대한, 대해서) 잘 몰라요. 올리버가 여행을 좋아하니까 올리버한테 물어보세요.

2. 알맞은 것을 골라 대화를 완성해 보세요.

문법	방법	유적지	한국어능력시험

(1) A 오늘 숙제가 뭐예요?
B 자기 나라의 유명한 유적지에 대한 글을 읽고 정리해 오는 거예요.

(2) A 오늘 배운 ________________ 모르는 게 있으면 질문하세요.
B 선생님, '-거든요'를 아직 잘 모르겠어요. 죄송하지만 다시 한번 설명해 주시겠어요?

(3) A 안나 씨의 발표를 듣겠습니다.
B 안녕하세요? 오늘 저는 쓰기를 잘하는 ________________ 말씀드리려고 합니다.

(4) A 여러분, 이것은 ________________ 안내문입니다. 잘 읽어 보고 시험 준비 잘하세요.
B 네. 선생님. 감사합니다.

듣고 쓰기

1. 다샤와 유나의 대화예요. 듣고 물음에 답해 보세요.

1

(1) 대화 후에 다샤가 할 행동으로 알맞은 것을 골라 보세요.

① 학교 주변 스포츠 센터를 찾아 봐요.

② 학교 스포츠 센터에서 테니스를 배워요.

③ 학교 스포츠 센터 홈페이지에 들어가요.

(2) 다시 듣고 학교 스포츠 센터를 소개하는 글을 써 보세요.

학생 여러분, 운동할 곳을 찾고 있습니까? 고민하지 마세요. 우리 학교 안에 스포츠 센터가 있습니다. 홈페이지에서 회원 가입을 하고 돈을 내면 이용할 수 있습니다. 요가, 테니스 등 다양한 프로그램이 있습니다. 특히 요가는 인기가 많아서 ① ______________________ 마감될 때도 많습니다. 지금 회원을 ② ______________________ 많은 학생들의 관심 부탁드립니다!

2. 상우와 루이즈의 대화예요. 듣고 물음에 답해 보세요.

2

(1) 루이즈가 한국에 오기 전에 경험한 것을 골라 보세요.

①

②

③

(2) 다시 듣고 들은 내용을 써 보세요.

루이즈는 한국 문화를 좋아해요. 한국에서 케이팝 댄스를 배우고 싶었어요. 그래서 한국에 ① ______________________. 요즘 학원에서 ② ______________________. 한국에서 케이팝 콘서트에도 가 보고 싶었지만 아직 못 가봤어요. 콘서트 표를 사려고 할 때마다 표를 ③ ______________________. 그런데 상우에게 학교 축제 콘서트 표가 두 장 있어요. 그래서 다음 주에 같이 콘서트에 갈 거예요.

말하기

1. 다음을 읽고 ⓐ, ⓑ에 들어갈 말로 알맞은 것을 골라 보세요.

안나	위칭 씨는 무엇에 관심이 있어요?
위칭	저는 한국 드라마를 좋아해서 자주 봐요.
안나	어떻게 해서 한국 드라마에 관심을 갖게 됐어요?
위칭	친구가 한국 드라마를 소개해 줘서 한번 봤는데 ____ⓐ____. 그래서 한국 드라마 팬이 됐어요.
안나	이번 학기에 꼭 하고 싶은 것은 뭐예요?
위칭	제가 이번 학기에 하고 싶은 것은 드라마를 촬영한 카페에서 사진을 찍어서 블로그에 올리는 거예요. 그래서 요즘 인터넷에서 ____ⓑ____. 친구와 같이 구경하러 갈 거예요.

① ⓐ 너무 재미있었거든요　　ⓑ 예쁜 카페를 찾는 중이에요

② ⓐ 어릴 때부터 좋아했거든요　　ⓑ 한국 커피 맛을 알아보고 있어요

③ ⓐ 또 다른 매력이 있었거든요　　ⓑ 사진 찍는 법을 찾아보는 중이에요

2. 다음 물음에 답해 보세요.

(1) 친구의 걱정을 듣고 위로하는 말로 알맞은 것을 골라 보세요. 말하기 기능

A 한국 사람들이 하는 말을 잘 이해하지 못해서 걱정이에요.

B ________________________. 처음이라서 그럴 수 있어요.

① 걱정하지 마세요. 저도 그랬어요.　② 처음부터 잘하면 좋죠. 좋겠어요.　③ 저도 걱정이 되네요. 고생했어요.

(2) 걱정의 해결 방법에 대해 조언하는 말로 알맞은 것을 골라 보세요. 말하기 기능

A 어떻게 하면 한국어 듣기를 잘할 수 있어요?

B ________________________________.

① 한국어 듣기를 잘하는 게 외국인에게 쉽지 않은 일이에요

② 한국어 듣기를 잘하면 수업 시간에 배운 걸 사용해 보세요

③ 한국어 듣기를 잘하고 싶으면 한국 방송 프로그램을 보세요

(3) 걱정하는 친구를 위로하고 걱정에 대한 해결 방법을 조언하는 대화를 완성해 보세요. 그리고 말해 보세요.

진차오의 걱정을 듣고 위로해 주고 한국어를 공부하는 목적에 대해 서로 이야기하세요. 그리고 진차오의 걱정에 대한 해결 방법을 조언하세요.

한국 회사에 취직하려고 한국어를 배우는데 면접시험에서 한국어 때문에 떨어져서 걱정이에요. 엘렌의 위로를 듣고 한국어 공부 목적을 서로 이야기하세요. 그리고 엘렌에게 걱정의 해결 방법에 대해 조언을 구하세요.

1

걱정 말하기

한국 회사 면접시험 | 한국어 | 떨어지다 + 걱정이다

엘렌 진차오 씨, 무슨 걱정이 있어요?

진차오 ① ____.

2

걱정 듣고 위로하기

염려하다 × 한국 | 오다 | 얼마 안 되다 + 그렇다

엘렌 ② ________________________. ________________________.

진차오 그런데 엘렌 씨는 한국어를 왜 공부해요?

3

걱정의 해결 방법에 대해 조언 구하기

지금보다 한국어 실력 | **좋아지다** | 어떻게 하다

엘렌 저는 한국에서 액세서리 디자인을 공부하기 위해서 한국어를 배워요.

진차오 그렇군요. 그런데 ③ ____?

4

걱정의 해결 방법에 대해 조언하기

한국어 | **잘하다** | 한국어 수업 | 열심히 듣다

엘렌 ④ ____.

진차오 정말 고마워요. 그렇게 해 볼게요.

ㅇ : 긍정 × : 부정
| : 조사, 표현 + : 연결 어미

읽고 쓰기

1. 다음을 읽고 물음에 답해 보세요.

'외국인 유학생 안나의 새 학기 결심!'

ⓐ 우리 학교에서 유학하고 있는 외국인 학생들은 어떤 목표를 가지고 있고 그 목표를 위해 어떤 노력을 하고 있을까요? 오늘은 언어교육원에서 한국어를 공부하고 있는 독일에서 온 안나 슈미트 씨를 만나 새 학기의 결심을 들어 봤습니다.

기자　안녕하세요? 안나 씨. 안나 씨는 한국 유학 생활의 목표가 뭐예요?

안나　저는 한국 문화 중에서 특히 영화를 좋아해요. 독일에서 아시아 역사를 전공했는데 한국 영화에도 관심이 생겼거든요. 그래서 나중에 한국의 영화나 드라마를 독일에 소개하고 싶어요.

기자　이번 학기에 어떤 결심을 했어요?

안나　처음 한국에 왔을 때 '한국어를 열심히 공부할 거야.'라고 결심했어요. 그래서 한국어만 공부했어요. 공부를 열심히 해서 지난 학기에 장학금도 받았어요. 그런데 공부만 하니까 한국 영화를 볼 시간이 별로 없었어요. 한국 문화 체험도 많이 못 했고요. 그래서 이번 학기에는 한국 문화에 대해 더 많이 알아보기로 결심했어요.

기자　그러면 이번 학기 목표를 이루기 위해 어떤 노력을 할 거예요?

안나　먼저 학교 문화 체험 동아리에 가입할 거예요. 동아리에서 한국 친구를 많이 사귈 거예요. 그리고 그 친구들과 시간이 있을 때마다 한국 영화도 많이 보고 다양한 한국 문화를 알아보기 위해 여러 곳을 여행하려고 해요.

이번 학기 결심을 이야기하는 안나 씨의 얼굴은 밝았습니다. 안나 씨가 세운 계획이 모두 이루기를 바랍니다.

김미나 기자(Kimmina@ewha.edu)

(1) ⓐ를 읽고 뒤에 이어질 글의 내용을 맞게 추측한 것을 골라 보세요. 　읽기 전략

① 한국 유학 생활의 장점과 단점

② 한국에 유학 오기 위해 노력하고 있는 것

③ 한국에서 유학하는 동안 이루고 싶은 목표와 노력

2. 다시 읽고 물음에 답해 보세요.

(1) 이 글은 무엇에 대한 글인지 골라 보세요.

① 유학 생활 중에 경험한 것　　② 한국에서의 찾은 취미 생활　　③ 유학 생활에서 하고 싶은 일

(2) 안나가 이번 학기에 할 일이 <u>아닌</u> 것을 골라 보세요.

①

②

③

(3) 읽은 내용으로 알맞은 것을 골라 보세요.

① 안나는 한국에서 역사를 전공하는 게 꿈이에요.

② 안나는 한국 드라마를 독일에 소개하려고 해요.

③ 안나는 이번 학기에 여행 동아리에 가입할 거예요.

3. 1을 바탕으로 안나의 새 학기 유학 생활의 목표와 이 목표를 이루기 위해 결심하는 글을 써 보세요.

새 학기의 나의 결심!

한국에 유학 온 계기

저는 한국에 유학 오기 전에 독일에서 아시아 역사를 전공했습니다. 아시아 역사를 공부했는데 한국 영화에도 관심을 갖게 되었습니다. 그래서 나중에 한국 영화를 독일에 소개하고 싶습니다. 이 목표를 이루기 위해 지금 열심히 한국어를 배우는 중입니다.

한국에 처음 유학 왔을 때 결심

이번 학기 결심

그렇지만 한국어 공부만 해서 한국 영화를 많이 못 봤습니다. 한국 문화 체험도 많이 못 했습니다.

앞으로의 노력

저는 이번 학기 목표를 이루기 위해 문화 체험 동아리에 가입할 겁니다.

이번 학기에도 최선을 다할 겁니다!

2 단원 성격과 외모

어휘와 표현 ① 성격

p.42

1. 알맞은 것을 골라 대화를 완성해 보세요.

게으르다	꼼꼼하다	긍정적이다	내성적이다

(1) A 엘렌은 자기 생각을 잘 말하지 않는 것 같아요.
B 맞아요. 조용하고 내성적인 성격이에요.

(2) A 유나는 어렵고 힘든 일도 항상 좋게 생각해요.
B 유나가 ______ 성격이라서 그런 것 같아요.

(3) A 시험 문제를 잘못 읽어서 아는 문제를 많이 틀렸어요.
B 다음부터는 문제를 더 ______ 읽으세요.

(4) A 동생하고 같이 살죠? 집안일은 서로 나눠서 해요?
B 아니요. 저는 부지런한데 동생은 너무 ______ 집안일을 안 해요.

2. 밑줄 친 부분은 주요 어휘와 표현이에요. 관계있는 것을 연결해 대화를 완성해 보세요.

(1) "다샤는 안 먹는 음식이 많아요." • ········ • ① "입맛이 까다로운 것 같아요."

(2) "마테오는 친구가 정말 많은 것 같아요." • • ② "네. 성격이 정말 느긋하네요."

(3) "위칭은 성격이 급하지 않고 걱정이 없는 것 같죠?" • • ③ "누구보다 성실한 사람이네요."

(4) "쇼타는 지각과 결석을 하지 않고 숙제도 열심히 해요." • • ④ "모든 사람에게 친절하고 사교적이거든요."

3. 2의 밑줄 친 표현을 사용해 글을 완성해 보세요.

우리 가족은 부모님과 언니, 오빠, 나 이렇게 다섯 명입니다. 아버지는 부지런하시고 (1) 성실하셔서 회사 일을 열심히 하십니다. 어머니는 처음 만난 사람들과도 쉽게 친해지십니다. 성격이 (2) ______ 아는 사람도 많고 친구도 많습니다. 언니는 예쁘지만 성격이 (3) ______. 그래서 언니의 마음에 드는 남자는 한 명도 없는 것 같습니다. 오빠는 항상 마음의 여유가 있습니다. 걱정이 없고 (4) ______. 그래서 저는 오빠와 같이 있을 때 마음이 편합니다.

어휘와 표현 ❷ 액세서리

1. 밑줄 친 부분은 주요 어휘와 표현이에요. 관계있는 것을 연결해 문장을 완성해 보세요.

(1) 이 반지를 • ········ • ① 껴 보세요.

(2) 파란색 넥타이를 • • ② 머리에 꽂고 있어요.

(3) 동생이 예쁜 머리핀을 • • ③ 매고 있는 사람이 올리버예요.

2. 1의 밑줄 친 표현을 사용해 글을 완성해 보세요.

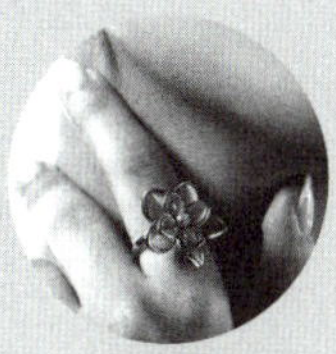

봄에 유행하는 액세서리

4. 1.

이번 봄에는 화려한 디자인의 액세서리가 유행이다. 작년에는 단순한 디자인이 인기였지만 올해는 화려한 디자인이 인기를 끌고 있다. 많은 디자이너들이 꽃이나 나비 모양의 액세서리를 소개하고 있다. 이러한 유행으로 손에 꽃 모양의 (1) 반지를 낀 가수나 배우들을 자주 볼 수 있다. 그리고 머리에 나비 모양의 (2) ________________ 사람들도 많다. 이렇게 화려한 디자인이 유행이니까 양복을 입을 때는 화려한 무늬의 (3) ________________ 보는 것도 좋겠다.

이주리 기자(jewerly@fashion.com)

3. 알맞은 것을 골라 대화를 완성해 보세요.

벨트를 하다	팔찌를 차다	목도리를 두르다

A 이 정장 어때? 오늘 친구 졸업식에 갈 거라서 입었어.

(1) B 멋있다. 그런데 바지에 포인트로 화려한 벨트를 하면 어때?

(2) B 너한테 잘 어울린다. 목걸이를 하고 팔에 ________________ 더 멋있을 것 같아.

(3) B 정장이 좋네. 그런데 날씨가 추우니까 코트를 입고 ________________ 게 좋겠어.

A/V-(으)ㄴ/는 편이다

pp.43~44

1. 다음을 보고 글을 완성해 보세요.

(1) 키가 작다	←——————✓——→	키가 크다
(2) 성격이 내성적이다	←——✓——————→	성격이 활발하다
(3) 운전을 싫어하다	←——————✓——→	운전을 좋아하다
(4) 매운 음식을 잘 먹다	←——✓——————→	매운 음식을 잘 못 먹다

저는 운동을 좋아합니다. 키가 (1) 큰 편이어서 특히 농구를 잘합니다. 성격은 조용하고 (2) ______________. 그래서 친한 친구들에게는 제 이야기를 가끔 하지만 보통은 저 혼자 생각을 많이 합니다. 그리고 저는 주말마다 혼자 여행을 자주 합니다. 운전을 (3) ______________ 여행 갈 때 제가 직접 운전합니다. 마지막으로 저는 매운 음식을 (4) ______________. 떡볶이 같은 음식을 정말 좋아합니다.

2. 알맞은 것을 골라 대화를 완성해 보세요.

닮다	만들다	지루하다	많지 않다

(1) A 영화 잘 봤어? 재미있었어?
B 영화가 좀 지루한 편이어서 중간에 잠깐 졸았어.

(2) A 제주도 여행 잘 다녀왔어요? 사람이 많아서 복잡했죠?
B 아니요. 휴가 때가 아니어서 사람이 ______________.

(3) A 선생님, 빵 만드는 게 정말 어렵네요. 저 지금 잘하고 있는 거 맞아요?
B 네. 처음 배우는 건데 이 정도면 잘 ______________.

(4) A 진영 씨는 부모님 중에서 누구를 닮았어요?
B 아버지와 어머니를 모두 닮았는데 어머니를 조금 더 ______________.

A/V-(ㄴ/는)다

pp.45~46

1. 알맞은 것을 골라 대화를 완성해 보세요.

가다	춥다	팔다	재미있다

(1) A 지금 집에 가? 난 여기서 친구 만날 거야.
B 그럼 나 먼저 간다. 내일 봐.

(2) A 모자를 어디에서 사지?
B 어! 저 가게에서 모자 ______________.
가 보자.

(3) A 엄마, 저 지금 나가요. 갔다 올게요.
B 오늘 날씨 너무 ______________.
따뜻하게 입고 나가.

(4) A 너 이 영화 봤어? 난 지난주에 봤는데
진짜 ______________.
B 그래? 그렇게 재미있어?

2. 다음을 보고 대화를 완성해 보세요.

(1)
조슈아 씨, 지금 뭐 해요?
벌써 6시예요.
아직 숙제하고 있어요.

(2)
그래요? 저는 다 했어요.
좋겠어요. 저는 조금 더 해야 돼요.

(3)
숙제 다 하면 밥 먹고 산책할까요?
오늘 날씨가 시원해요.
그래요. 20분 안에 끝나요.

(4)
그럼 20분 후에 조슈아 씨 집
앞으로 갈게요.
그래요. 배가 고파요. 이따 봐요.

(1)
조슈아! 지금 뭐 해?
벌써 6시다.
아직 ______________.

(2)
그래? 난 다 ______________.
______________. 난 조금 더 해야 돼.

(3)
숙제 다 하면 밥 먹고 산책할까?
오늘 날씨가 ______________.
그러자. 20분 안에 ______________.

(4)
그럼 20분 후에 너희 집
앞으로 ______________.
그래. 배 ______________. 이따 봐.

문법 ③ A/V-잖아요

pp.48~49

1. 알맞은 것을 골라 대화를 완성해 보세요.

맛있다	비싸다	약속하다	토요일이다

(1) A 길이 너무 막히네요.

B 오늘 토요일이잖아요. 주말 저녁에는 항상 그렇죠.

(2) A 여보세요. 루이즈 씨, 지금 어디예요? 2시에 만나기로 ________________.

B 어머, 정말 미안해요. 깜박했어요. 빨리 나갈게요.

(3) A 그 음료수를 또 마셔요? 거의 매일 마시는 것 같네요.

B 네. 이거 마셔 봤죠? 진짜 ________________. 그래서 안 마실 수가 없어요.

(4) A 우리 부산에 여행 갈 때 뭘 타고 갈래요? KTX를 탈래요?

B 고속버스로 가는 게 좋을 것 같아요. KTX는 버스보다 좀 ________________.

2. 알맞은 것을 골라 대화를 완성해 보세요.

많다	오다	가깝다	보내다

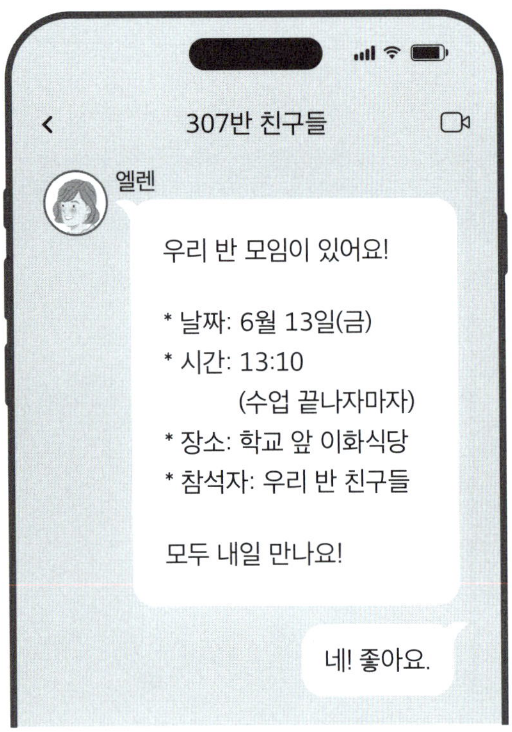

엘렌 우리 내일 점심에 반 모임이 있죠?

마테오 네? 그래요?

엘렌 어제 제가 메시지 (1) 보냈잖아요.

마테오 아, 맞다. 내일 이화식당에서 모임을 하죠?

엘렌 네. 수업 끝나자마자 같이 가요. 늦게 가면 식당에 사람이 (2) ________________.

마테오 좋아요. 그런데 식당까지 걸어서 갈 거죠?

엘렌 그럼요. 식당이 학교에서 (3) ________________. 그리고 우리 내일 늦게까지 놀아요. 모레가 주말이잖아요.

마테오 그런데 내일 몇 명이 와요? 빵을 만들어서 친구들에게 주고 싶어서요.

엘렌 잘 모르겠지만 우리 반 친구들이 (4) ________________. 그러니까 모두 오면 14명이에요.

마테오 알겠어요. 내일 봐요.

문법 ❹ A-아/어 보이다

pp.55~56

1. 그림을 보고 대화를 완성해 보세요.

(1) 

A 사과 살 거예요?

B 네. 사과가 맛있어 보여서 한 상자 사려고 해요.

(2) 

A 저 모자가 저한테 어울릴까요?

B 디자인이 귀엽네요. 저걸 쓰면 나이보다 ____________ 것 같아요.

(3) 

A 이 집이 괜찮은 것 같은데요?

B 음……. 그런데 방이 ____________ 않아요? 좀 더 넓으면 좋겠어요.

(4) 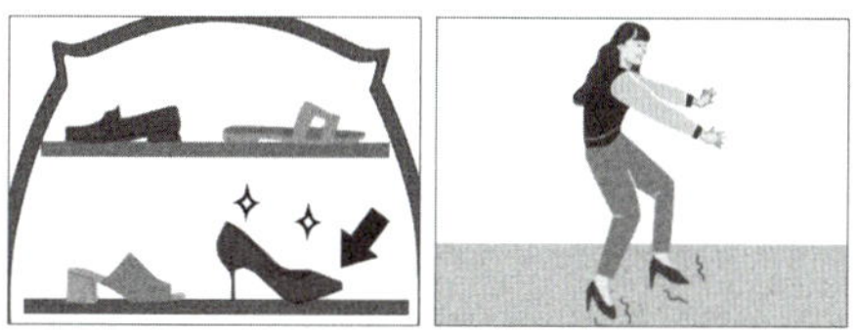

A 이 구두 예쁘다. 이걸 사면 어때?

B 그런데 너무 높아서 ____________. 나는 편하지 않은 구두는 못 신어.

2. 알맞은 것을 골라 대화를 완성해 보세요.

좋다	춥다	힘들다	건강하다

(1) A 조슈아는 이 날씨에 너무 얇은 옷을 입고 있네요.

B 네. 너무 추워 보여요.

(2) A 위칭이 오늘 계속 웃고 다니네요.

B 맞아요. 저도 아까 봤는데 그때도 기분이 ____________.

(3) A 올리버가 지난달에 옮긴 회사는 일이 많은 것 같아요.

B 맞아요. 올리버가 매일 ____________ 걱정이에요.

(4) A 다샤가 그동안 많이 아팠잖아요. 지금은 건강이 많이 좋아진 것 같아요.

B 네. 요즘은 ____________ 다행이에요.

더 알아보기 ① N 말고

p.58

1. 알맞은 것을 골라 대화를 완성해 보세요.

버스	수학	카페	디자인

(1) A 8시까지 강남에 가야 하는데 어떻게 가는 게 빨라요?

B 지금 차가 많이 막히는 시간이니까 버스 말고 지하철을 타세요.

(2) A 이거 안나한테 선물할 원피스인데 어때?

B 안나한테는 그렇게 화려한 ______________ 단순한 디자인이 어울릴 것 같아.

(3) A 대학교 전공은 정했어요? 수학에 관심이 있었죠?

B 원래 그랬는데 생각이 바뀌었어요. ______________ 컴퓨터공학을 전공하려고 해요.

(4) A 우리 커피 마시러 갈까?

B 날씨도 좋은데 ______________ 공원에 가면 어때? 산책한 다음에 커피도 마시자.

더 알아보기 ② A/V-(ㄴ/는)다

p.61

1. 다음을 읽고 글을 완성해 보세요.

12월 12일 일요일

제가 한국에 온 지 벌써 6개월이 (1) 지났습니다. 저는 한국어 공부를 마친 후에 식당을 (2) 열고 싶습니다. 그래서 수업 후에 여러 식당에 가서 한국 음식을 먹어 봅니다. 그리고 집에 가서 그 음식을 만들어 봅니다. 처음에는 한국 음식 만들기가 어려웠지만 요즘은 잘 (3) 만듭니다. 앞으로 제 목표를 이루는 날까지 열심히 (4) 노력할 겁니다.

⇨

12월 12일 일요일

내가 한국에 온 지 벌써 6개월이 (1) 지났다. 나는 한국어 공부를 마친 후에 식당을 (2) ______________. 그래서 수업 후에 여러 식당에 가서 한국 음식을 먹어 본다. 그리고 집에 가서 그 음식을 만들어 본다. 처음에는 한국 음식 만들기가 어려웠지만 요즘은 잘 (3) ______________. 앞으로 내 목표를 이루는 날까지 열심히 (4) ______________.

듣고 쓰기

1. 쇼타와 엘렌의 대화예요. 듣고 물음에 답해 보세요.

3

(1) 들은 내용으로 알맞은 것을 골라 보세요.

① 엘렌과 쇼타는 지난 학기에 같은 반이었어요.

② 엘렌은 쇼타의 친구들을 모두 잘 알고 있어요.

③ 엘렌은 오늘 쇼타의 친구들을 만나러 갈 거예요.

(2) 다시 듣고 엘렌이 자신을 소개하는 글을 써 보세요.

안녕하세요? 저는 영국에서 온 엘렌입니다. 저는 아직 친구가 별로 없습니다. 그래서 쇼타가 저에게 친구들을 소개해 줬습니다. 쇼타와 쇼타의 친구들은 활발하고 ① ______________________________. 그렇지만 저는 쇼타와는 반대로 ② ______________________________. 그래서 처음 만나는 사람들과 이야기하는 게 어렵습니다. 앞으로 저도 쇼타처럼 새로운 친구들과 친하게 지내고 싶습니다.

2. 유나와 올리버의 대화예요. 듣고 물음에 답해 보세요.

4

(1) 올리버와 동생이 같이 하지 <u>않은</u> 것을 골라 보세요.

①

②

③

(2) 다시 듣고 들은 내용을 써 보세요.

올리버의 동생이 한국에 여행을 왔어요. 올리버는 ① ______________________________ 돌아다니는 걸 좋아해요. 그런데 동생은 밖에 나가는 걸 별로 ② ______________________________. 지난주에는 올리버와 동생이 같이 여기저기 다녔어요. 여행은 새로운 것을 ③ ______________________________. 그런데 동생이 이번 주에는 밖에 안 나가려고 해서 계속 집에만 있어요. 올리버는 재미없지만 동생이 고향에 돌아가기 전까지 동생하고 잘 지내고 싶어 해요.

말하기

1. 다음을 읽고 ⓐ, ⓑ에 들어갈 말로 알맞은 것을 골라 보세요.

진차오 마테오, 넌 성격이 어때?

마테오 나는 ___ⓐ___. 할 일을 미루지 않아. 계획 세우는 것도 좋아하고 그 계획에 따라 움직여. 발표 준비도 과제를 받자마자 시작해.

진차오 그렇구나. 나는 시험이나 발표 준비를 미리 하지 않는데…….

마테오 그럼 너는 즉흥적인 성격이야? 약속이 갑자기 취소되거나 계획이 바뀌어도 괜찮겠네?

진차오 응. 나는 계획이 바뀌어도 스트레스를 안 받는 편이야. 다른 방법을 찾으면 되잖아.

마테오 너는 진짜 ___ⓑ___. 나는 계획한 것은 꼭 해. 그리고 여러 상황을 생각해서 계획도 여러 개를 세워.

① ⓐ 성실한 편이야 ⓑ 사교적이다

② ⓐ 계획적인 편이야 ⓑ 즉흥적이다

③ ⓐ 내성적인 편이야 ⓑ 긍정적이다

2. 다음 물음에 답해 보세요.

(1) 상황에 어울리는 다른 옷을 추천하는 말로 알맞은 것을 골라 보세요. 말하기 기능

A 내일 회사에 면접 보러 갈 때 이 하늘색 정장을 입으려고 하는데 어때요?

B ______________________________?

① 면접 때 입을 정장을 사러 갈 거예요

② 면접에는 그거보다 이 회색 정장이 낫지 않을까요

③ 면접 보러 갈 때 어떤 옷을 입는 게 나을 것 같아요

(2) 액세서리를 추천하는 이유를 표현하는 말로 알맞은 것을 골라 보세요. 말하기 기능

A 여기에 어떤 넥타이를 매면 좋을까요?

B 정장 색깔이 좀 ______________________________.

① 어두운 편이에요. 그래서 밝은색 넥타이를 매는 중이에요

② 어두워 보여요. 그렇지만 저는 밝은색 넥타이를 좋아하거든요

③ 어두우니까요. 밝은색 넥타이를 매면 더 좋을 것 같아요

(3) 친구의 상황을 듣고 그 상황에 어울리는 옷과 그 옷에 어울리는 액세서리를 추천하는 대화를 완성해 보세요. 그리고 말해 보세요.

송년 파티에 입고 갈 옷을 고르고 있어요. 다샤에게 자신이 고른 옷이 어떤지 물어보세요. 다샤가 추천한 옷을 입기로 하고 그 옷에 어울리는 옷과 액세서리도 물어보세요.

위칭에게 송년 파티에 어울리는 옷을 추천하고 그 이유를 말하세요. 그리고 위칭이 입고 갈 옷에 어울리는 액세서리와 그 액세서리를 추천하는 이유도 말하세요.

1 **상황에 어울리는 다른 옷 추천하기**

파티 | **그거 말고** 이 원피스 | 입는 게 어떻다

위칭 다샤 씨, 주말에 송년 파티에 갈 때 이 하얀색 셔츠를 입으려고 하는데 어때요?

다샤 파티에는 원피스를 입고 가는 게 좋을 것 같은데요. ① ____________________?

2 **다른 옷을 추천하는 이유 말하기**

디자인 | 화려하다 + **예쁘다**

위칭 이 하얀색 원피스요?

다샤 네. ② ____________________.

3 **액세서리 추천하는 이유 말하기**

빨간 목도리 | 두르다 + 팔찌 | 차다 + 더 **멋있다** ×

위칭 그래요? 그럼 이걸 입고 가는 게 좋겠네요. 그런데 여기에 어떤 액세서리를 하면 좋을까요?

다샤 원피스가 하얀색이라서요. ③ ____________________?

4 **옷을 입어 볼 것에 대해 말하기**

나 | 그렇게 한번 입다

위칭 ④ ____________________. 잠깐만 여기서 기다려 주세요.

다샤 네. 입고 와 보세요.

읽고 쓰기

1. 다음을 읽고 물음에 답해 보세요.

Jihoon
김지훈 팬 모여라!

공지
게시판
└ 인사
└ 이야기 나눔

김지훈을 직접 봤어요!

후니조아 조회626 08.21 20:15

팬클럽 회원 여러분! 제가 오늘 김지훈을 식당에서 봤어요. 식당에 들어갔는데 김지훈이 있어서 깜짝 놀랐어요. 다른 사람이랑 같이 밥을 먹고 있었어요.

김지훈은 키가 크고 조금 마른 편이잖아요. 얼굴은 작은 편인데 앞머리가 있어서 더 작아 보이고요. 또 웃을 때 입이 너무 귀여워요. 가까운 곳에서 봤는데 생각보다 훨씬 더 멋있었어요.

평소에 김지훈은 청바지와 티셔츠를 입고 편해 보이는 신발을 신잖아요. 특히 흰색이나 검은색 옷을 자주 입는 편이고요. 오늘 입은 흰색 티셔츠하고 검은색 재킷, 운동화도 정말 편해 보였어요. 그리고 모자를 쓰고 안경도 쓰고 있었는데요. 보통 때 식당이나 길에서 사람들이 알아보면 불편하니까 그런 것 같았어요. 또 평소에 자주 차는 팔찌를 오늘도 차고 있었는데 팔찌가 잘 어울렸어요.

이렇게 김지훈을 본 게 너무 신기해요. 콘서트에 가서 본 화려한 모습보다 동네 오빠 같은 모습이 더 좋았어요. 다음에 다시 만나면 인사도 하고 사진도 같이 찍고 싶어요.

└ 지훈최고 20:31 와. 정말 좋았겠다! 저도 김지훈을 만나 보고 싶어요.
└ JHlover 20:49 저도 우리 동네에서 김지훈을 본 적이 있어요. 진짜 멋있어요.

(1) 외모에 대한 표현을 찾아 써 보세요.

읽기 전략

김지훈의 외모
- 얼굴: 얼굴이 작아요. / ①
- 옷: 흰색 티셔츠를 입었어요. / ②
- 액세서리: 모자와 안경을 썼어요. / ③

2. 다시 읽고 물음에 답해 보세요.

(1) 이 글을 쓴 목적으로 알맞은 것을 골라 보세요.

① 좋아하는 가수에 대해서 소개하려고
② 가수의 콘서트를 보고 느낀 점을 알리려고
③ 식당에서 본 가수의 모습에 대해 설명하려고

(2) 가수 김지훈에 대한 내용으로 알맞은 것을 골라 보세요.

① 키가 크지 않고 마른 편이다.

② 보통 때 편한 스타일의 신발을 신는다.

③ 콘서트에서 화려하지 않은 옷을 입는다.

(3) 읽은 내용으로 알맞은 것을 골라 보세요.

① 이 사람은 전에 가수의 콘서트에 간 적이 있다.

② 이 사람은 오늘 좋아하는 가수를 만나서 인사했다.

③ 이 사람은 오늘 처음으로 가수와 함께 사진을 찍었다.

3. 1을 바탕으로 가수 지훈의 외모를 묘사하는 글을 써 보세요.

	나의 가수, 김지훈
소개하고 싶은 사람	내가 제일 좋아하는 케이팝 가수는 김지훈이다. 나는 고등학생 때 김지훈을 처음 본 후에 팬이 되었다. 김지훈은 노래도 잘하고 춤도 잘 춘다. 그리고 외모도 아주 멋있다.
키, 얼굴, 머리 모양	
주로 입는 옷과 하는 액세서리	김지훈은 공연할 때 여러 스타일의 옷을 입지만 평소에는 청바지와 티셔츠를 입고 편해 보이는 신발을 신는다.
그 사람에 대한 생각	내가 김지훈을 좋아한 지도 벌써 4년이나 되었다. 나는 그동안 콘서트도 많이 갔는데 콘서트에서의 화려한 모습보다 동네 오빠 같은 모습을 더 좋아한다. 김지훈은 지금까지도 앞으로도 나에게 최고의 가수다.

3 단원 여가 활동

어휘와 표현 ❶ 여가 활동의 장점

p.64

1. 밑줄 친 부분은 주요 어휘와 표현이에요. 관계 있는 것을 연결해 보세요.

(1) 체력을 길러요. •　　　　• ① "클래식 음악을 들으면 복잡한 마음이 편안해져요."

(2) 마음이 안정돼요. •　　　　• ② "1년 동안 아침마다 꾸준히 운동해서 몸이 건강해졌어요."

(3) 스트레스를 해소해요. •　　　　• ③ "공부 때문에 힘들었는데 노래방에 가서 노래를 부르고 나니까 기분이 좋아졌어요."

2. 1의 밑줄 친 표현을 사용해 글을 완성해 보세요.

사람들은 일을 하거나 공부할 때 스트레스를 많이 받는다. 하지만 스트레스를 받은 후에 풀지 않고 그냥 생활하면 몸과 마음이 아플 수도 있다. 그러면 쌓인 (1) 스트레스를 해소하는 ________ 가장 좋은 방법은 무엇일까? 먼저 산책이 도움이 된다. 산책하면 많은 생각을 정리할 수 있고 (2) ________ 편안함을 느낄 수 있다. 그리고 운동하는 것도 좋다. 운동하면 밤에 잠을 잘 잘 수 있고 몸도 튼튼해져서 (3) ________ 수 있다. 앞으로 스트레스를 받을 때 이런 방법으로 도움을 받으면 어떨까?

3. 알맞은 것을 골라 대화를 완성해 보세요.

보람을 느끼다	자신감이 생기다	기분 전환이 되다

(1) A 위칭 씨, 한국어능력시험 3급을 땄군요. 축하해요.

B 고마워요. 3급을 따고 한국어에 더 자신감이 생기는 ________ 것 같아요.

(2) A 쇼타 씨는 봉사 활동을 자주 하죠? 봉사 활동을 하면 어떤 점이 좋아요?

B 봉사 활동을 하면 힘들지만 ________ 수 있어서 좋아요.

(3) A 머리 모양이 바뀌었네요. 왜 머리를 잘랐어요?

B 더워서요. 그런데 머리를 자르니까 ________ 시원해서 좋네요.

어휘와 표현 ❷ 동호회 활동

p.76

1. 알맞은 것을 골라 대화를 완성해 보세요.

쓰레기를 줍다	캠페인을 하다	환경을 지키다	빈 병을 재활용하다

A 여러분은 환경 보호를 위해 어떤 활동을 하고 있어요?

(1) B 저는 주스를 다 마신 후에 빈 병을 재활용해서 꽃병으로 쓰고 있어요.

(2) B 저는 환경 보호에 관심이 많아서 ______________ 위해 종이컵을 사용하지 않아요.

(3) B 저는 주말마다 산에 가서 등산하는 사람들이 산에 버린 ______________ 있어요.

(4) B 저는 환경 동아리를 만들어서 다른 사람들에게 환경 보호의 중요함을 알리는 ______________ 있어요.

2. 밑줄 친 부분은 주요 어휘와 표현이에요. 관계있는 것을 골라 문장을 완성해 보세요.

(1) 동아리에서는 수업 후에 미술관에 ③ ① 물감으로 그려요.

(2) 그림 동호회에서는 그림 그리는 방법을 ____ ② 전문가가 지도해 줘요.

(3) 내일 미술 시간에 쓸 연필과 물감이 없어서 ____ ③ 그림을 감상하러 가요.

(4) 먼저 종이에 연필로 그리는 연습을 한 후에 ____ ④ 미술 도구를 준비해야 돼요.

3. 2의 밑줄 친 표현을 사용해 글을 완성해 보세요.

안녕하세요? 이화미술관을 소개합니다. 우리 미술관에서는 유명한 화가들의 (1) 그림을 감상할 수 있습니다. 그리고 그림에 대한 재미있는 이야기도 들을 수 있습니다. 또 그림을 그려 보는 수업도 있습니다. 종이 위에 연필로 그림을 그린 후에 자신이 원하는 색의 (2) ______________ 수업입니다. 그림에 대해서 잘 아는 (3) ______________ 주기 때문에 어렵지 않습니다. 수업 시간에 그림을 그릴 때 필요한 (4) ______________ 않아도 됩니다. 미술관에서 빌려드리니까 걱정하지 마세요. 그림에 관심이 있는 분들은 이화미술관을 한번 방문해 주세요.

문법 ① V-고 나다

pp.65~66

1. 그림을 보고 문장을 완성해 보세요.

(1) 

올리버는 이메일을 보내고 나서 회의를 시작했어요.

(2) 

다샤는 ______________________.

(3) 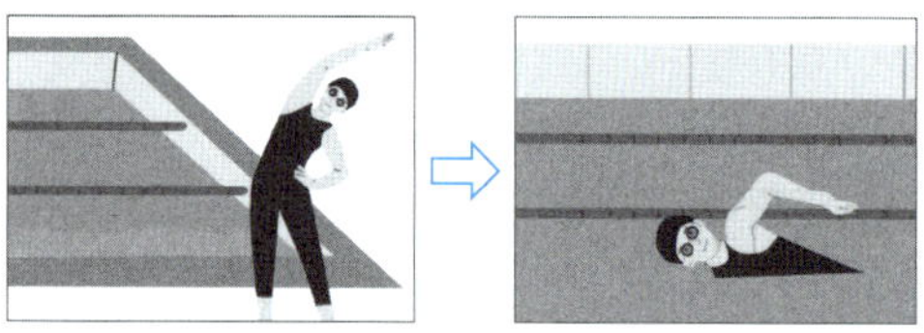

쇼타는 ______________________.

(4) 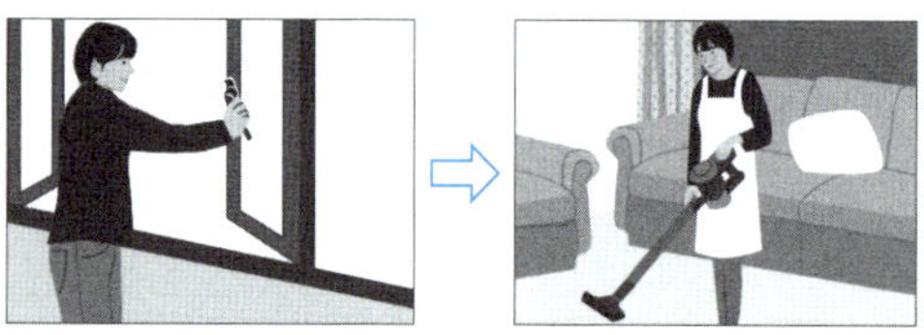

위칭은 ______________________.

2. 알맞은 것을 골라 대화를 완성해 보세요.

듣다	먹다	쉬다	읽다

(1) A 조금 전부터 자꾸 배가 아파요.

B 그럼 이 약을 먹는 게 어때요? 약을 먹고 나면 괜찮아질 거예요.

(2) A 계속 앉아서 일만 하니까 집중이 잘 안 돼요.

B 잠깐 쉬는 게 좋겠어요. 조금 ______________ 집중도 되고 기분 전환도 될 거예요.

(3) A 한국의 역사를 좀 더 알고 싶은데 어떤 책을 보면 됩니까?

B 이 책을 한번 보세요. 책을 ______________ 한국의 역사에 대해 좀 더 이해할 수 있을 겁니다.

(4) A 선생님, 이 문제를 아직 잘 모르겠어요.

B 그래요? 그럼 제가 다시 설명할게요. 제 설명을 ______________ 그 문제를 이해할 수 있을 거예요.

문법 ❷ V-(으)니까 (발견)

pp.67~68

1. 관계있는 것을 연결하고 문장을 만들어 보세요.

(1) 떡볶이를 먹어 보다 •	• ① 문제의 답을 알 수 있었다
(2) 퇴근 후에 집에 들어가다 •	• ② 통화 중이어서 통화하지 못했다
(3) 선생님의 설명을 다시 듣다 •	• ③ 가족들이 다 같이 저녁을 먹고 있었다
(4) 숙제를 물어보려고 위칭에게 전화하다 •	• ④ 생각보다 너무 매워서 잘 먹을 수 없었다
(5) 한글 소설책이 어려울 것 같았는데 막상 읽다 •	• ⑤ 소설 내용이 어렵지 않아서 쉽게 이해할 수 있었다

(1) 떡볶이를 먹어 보니까 생각보다 너무 매워서 잘 먹을 수 없었다.

(2) 퇴근 후에 집에 ________________.

(3) 선생님의 설명을 다시 ________________.

(4) 숙제를 물어보려고 위칭에게 ________________.

(5) 한글 소설책이 어려울 것 같았는데 막상 ________________.

2. 알맞은 것을 골라 글을 완성해 보세요.

열다	찾다	나오다	일어나다

요즘 늦잠을 자서 지각할 때가 많았어요. 그래서 오늘은 지각하지 않으려고 집에서 일찍 출발했어요. 그런데 집 밖에 (1) 나오니까 생각보다 쌀쌀해서 다시 집에 들어가서 옷을 더 입고 나왔어요. 버스를 탄 후에 너무 피곤해서 자리에 앉자마자 바로 잤어요. 조금 후에 (2) ________________ 모르는 동네였어요. 앱에서 (3) ________________ 다행히 학교에서 멀지 않은 곳이었어요. 그래서 빨리 다른 버스로 갈아타고 다시 학교에 갔어요. 학교에 도착하자마자 뛰어가서 교실 문을 (4) ________________ 이미 선생님이 수업을 하고 계셨어요. 그래서 오늘 또 지각했어요.

문법 ❸ V-(으)려면

1. 알맞은 것을 골라 ◯표 해 보세요.

(1) A 한국어를 잘하고 싶어요.

B 한국어를 (잘하려면, 잘하면) 한국 친구와 많이 말해 보세요.

(2) A 오늘 수업 후에 뭐 할 거예요? 같이 점심 먹을래요?

B 미안해요. 수업이 (끝나려면, 끝나면) 친구를 만나러 갈 거예요.

(3) A 엘렌 씨, 지금 읽고 있는 책 재미있어요?

B 네. 정말 재미있어요. 제가 책을 다 (읽으려면, 읽으면) 빌려줄게요.

(4) A 저, 말씀 좀 묻겠습니다. 요가 수업은 언제까지 신청해야 됩니까?

B 요가 수업을 (들으려면, 들으면) 다음 주 토요일까지 신청하시면 됩니다.

(5) A 다음 주에 면접시험이 있어요. 면접을 잘 (보려면, 보면) 어떻게 하는 게 좋을까요?

B 면접시험 예상 질문을 뽑아서 연습해 보세요.

2. 알맞은 것을 골라 대화를 완성해 보세요.

놀다	앉다	짓다	걸리지 않다

(1) A 밥을 맛있게 짓는 방법을 좀 가르쳐 주세요.

B 밥을 잘 지으려면 __________ 물의 양을 잘 맞춰야 돼요.

(2) A 감기에 __________ 어떻게 해야 돼요?

B 손을 깨끗하게 씻는 게 중요해요. 집에 들어오자마자 손을 먼저 씻으세요.

(3) A 친구들 여섯 명과 같이 여행을 가려고 해요.

B 여러 명이 여행 가서 재미있게 __________ 친구들과 얘기해서 계획을 잘 세우세요.

(4) A 학교 앞에 있는 이화식당에 같이 갈래요?

B 좋아요. 그런데 그 식당은 좋은 자리에 __________ 미리 예약해야 돼요. 인기가 많거든요.

문법 ❹ A/V-았/었으면 좋겠다

pp.77~78

1. 그림을 보고 대화를 완성해 보세요.

(1)

A 올리버 씨, 많이 피곤해 보여요.

B 일이 너무 많아서요. 내일이 토요일이었으면 좋겠어요.

(2)

A 안나 씨는 꿈이 뭐예요?

B 저는 한국어를 가르치는 선생님이 ______________________.

(3)

A 출근 시간에 버스에 사람이 많아서 너무 힘들어요.

B 맞아요. 그래서 저도 편하게 출근할 수 있게 제 자동차가 ____________ ____________.

(4)

A 루이즈 씨, 주말에 뭐 할 거예요?

B 경주에 여행을 갈 거예요. 이번 주말에는 비가 오지 않고 날씨가 ______ ____________.

2. 알맞은 것을 골라 문장을 완성해 보세요.

따다	받다	오르다	건강하다

소원 나무

(1) 다음 학기에 장학금을 받았으면 좋겠어요.

(2) 작년보다 월급이 많이 ______________________.

(3) 한국어능력시험 4급을 ______________________.

(4) 가족과 친구들이 모두 아프지 않고 ______________________.

⊕ 더 알아보기 A/V-(으)ㄴ/는지

p.80

1. 다음을 보고 의미가 같은 문장으로 바꿔 보세요.

(1) 이 버스가 학교 앞에 갈까?

엘렌

⇨ 엘렌은 이 버스가 학교 앞에 가는지 ______ 알고 싶어 해요.

(2) 이 옷을 사고 싶은데 얼마일까?

쇼타

⇨ 쇼타는 이 옷을 사고 싶은데 ______________ 알지 못해요.

(3) 부산에서 어디를 구경하면 좋을까?

위칭

⇨ 위칭은 부산에서 어디를 구경하면 ______________ 알고 싶어 해요.

(4) 학교 근처에 어떤 식당의 음식이 맛있을까?

진차오

⇨ 진차오는 학교 근처에 어떤 식당의 음식이 ______________ 궁금해해요.

2. 알맞은 것을 골라 대화를 완성해 보세요.

있다	만들다	모이다	사람이다

(1) A 저 사람이 어느 나라 사람인지 ______ 알아요?

B 글쎄요. 저도 오늘 처음 보는 사람이라서 잘 모르겠는데요.

(2) A 보고서를 내기 전에 꼼꼼하게 확인하세요.

B 네. 틀린 곳이 ______________ 다시 한번 확인하고 내겠습니다.

(3) A 이거 제가 만든 불고기인데 한번 드셔 보세요.

B 와, 정말 맛있어요. 이 불고기를 어떻게 ______________ 가르쳐 주세요.

(4) A 내일 문화 수업을 가는데 오늘 학교에 안 가서 몇 시에 어디에서 ______________ 몰라요.

B 정말요? 그럼 같은 반 친구에게 물어보세요.

듣고 쓰기

1. 엘렌과 상우의 대화예요. 듣고 물음에 답해 보세요. 5

(1) 대화의 내용으로 알맞은 것을 골라 보세요.

① 엘렌은 등산에 관심이 없어요.

② 상우는 한 달에 한 번 등산을 해요.

③ 상우는 엘렌과 같이 게임을 하고 싶어 해요.

(2) 다시 듣고 등산과 게임을 추천하는 글을 써 보세요.

여러분, 시간이 있을 때 무엇을 하면 좋을까요? 저는 먼저 등산을 추천하고 싶습니다. 등산을 하면 체력을 기를 수 있고 ① ________________ 맛있는 음식을 먹으면 기분 전환도 됩니다. 그다음으로 게임을 추천합니다. ② ________________ 스트레스가 풀립니다. 여러분도 이렇게 시간이 있을 때 등산과 게임을 한번 해 보면 어떨까요?

2. 진영과 올리버의 대화예요. 듣고 물음에 답해 보세요. 6

(1) 대화의 내용으로 맞지 않는 것을 골라 보세요.

① 스키장에서 스키와 스키복은 빌릴 수 있어요.

② 올리버는 스키 용품이 없어서 걱정하고 있어요.

③ 진영은 스키를 가지고 있어서 스키장에 가지고 갈 거예요.

(2) 다시 듣고 들은 내용을 써 보세요.

진영은 스키를 타는 것을 좋아해서 스키장에 자주 간다. 그래서 진영과 올리버는 다음 주 토요일에 스키를 타러 갈 것이다. 스키를 타기 위해 필요한 것이 있다. 먼저 ① ________________ 스키복이 필요하다. 그리고 스키를 탈 때 ② ________________ 장갑도 꼭 껴야 된다. 진영과 올리버는 다음 주 토요일에 ③ ________________ 저녁도 같이 먹을 것이다.

말하기

1. 다음을 읽고 ⓐ, ⓑ에 들어갈 말로 알맞은 것을 골라 보세요.

진차오 다샤 씨, 요즘 어떤 여가 활동을 하고 있어요?
다샤 저는 시간이 있을 때마다 드럼을 치고 있어요.
진차오 그래요? 드럼을 언제 배웠어요?
다샤 고등학교 때 음악 동아리 활동을 했는데 그때부터 드럼을 쳤어요. 배우기 전에는 어려울 것 같아서 걱정했는데 ____ⓐ____ 너무 재미있었어요.
진차오 그렇군요. 드럼을 치면 어떤 점이 좋아요? 그리고 어떻게 하면 드럼을 잘 칠 수 있어요?
다샤 드럼을 치면 스트레스가 해소돼서 좋아요. 그리고 ____ⓑ____ 계속 연습을 많이 해야 돼요.

① ⓐ 동아리에 가니까 ⓑ 악기를 배우려면
② ⓐ 드럼을 배워 보니까 ⓑ 드럼을 잘 치려면
③ ⓐ 악기를 연주해 보니까 ⓑ 동아리에 지원하려면

2. 다음 물음에 답해 보세요.

(1) 친구의 제안을 듣고 완곡하게 거절하는 말로 알맞은 것을 골라 보세요. 말하기 기능

A 루이즈 씨, 같이 요리를 배우는 게 어때요? 루이즈 씨도 요리에 관심이 있잖아요.
B 요리요? ________________________.

① 그래요. 제가 요리를 정말 싫어해요
② 그러니까요. 이제 요리는 하고 싶지 않아요
③ 글쎄요……. 새로운 걸 해 보고 싶은데요

(2) 친구에게 자신의 희망 사항을 말하는 표현으로 알맞은 것을 골라 보세요. 말하기 기능

A 엘렌 씨는 어떤 일을 하고 싶은데요?
B ________________________.

① 그 일을 할 때 신나고 재미있어요
② 신나고 재미있는 일이면 좋을 것 같아요
③ 그 일을 하니까 신나고 재미있어서 좋았어요

(3) 친구가 제안하는 여가 활동을 조심스럽게 거절하고 자신이 원하는 여가 활동을 말하는 대화를 완성해 보세요. 그리고 말해 보세요.

마테오가 제안한 여가 활동을 완곡하게 거절하고 어려운 사람들을 돕는 활동을 원함을 말하세요. 그리고 마테오가 추천한 활동에 대해 물어보세요.

그림에 관심이 많은 안나에게 그림을 감상하는 것을 제안하세요. 완곡하게 거절하는 안나에게 원하는 활동을 묻고 다른 활동을 추천하고 설명하세요.

1 **여가 활동 제안하기**

같이 그림 | 보다 + 가다
안나 | 그림 보는 것 |
좋아하다

안나 요즘 좀 심심해요. 마테오 씨는 그럴 때 뭐 해요?

마테오 전 시간이 있을 때 그림을 보러 미술관에 가요. 안나 씨, ① ____________________?
____________________.

2 **완곡하게 거절하기**

미술관 | 좋다 + 좀 새로운 것 | 하다

안나 ② ____________________
____________________.

3 **희망 사항 답하기**

나 | 어려운 사람들 | 돕는 활동 | **하다**

마테오 안나 씨는 뭘 하고 싶어요?

안나 ③ ____________________
____________________.

4 **그 활동에 대해 묻기**

그것 | 어떻게 **신청하다**,
어디 | **하다** + 잘 모르다

마테오 그럼 아픈 아이들을 돕는 봉사 활동을 하는 건 어때요?

안나 좋아요. 그런데 ④ ____________________
____________________.

마테오 병원에서 아픈 아이들과 같이 놀아 주는 건데요. 그건 동호회 홈페이지에서 신청하면 돼요.

읽고 쓰기

1. 다음을 읽고 물음에 답해 보세요.

기자가 체험한 '마라톤 동호회'

요즘 인기가 많은 마라톤 동호회, 왜 이렇게 인기가 많은 걸까? 잘 못 뛰는 사람도 괜찮을까? 준비물이 많이 필요하지는 않을까? 이런 궁금한 점이 있어서 찾아보니까 화요일, 목요일 저녁 7시에 한강 공원에서 모이는 동호회가 있었다. 그래서 직접 가서 체험해 보기로 했다.

ⓐ 왜 이렇게 인기가 많은 걸까? 지난주에 동호회에 가 보니까 퇴근 후에 회사원들이 동호회 활동을 하러 한강 공원에 가서 친구들도 사귀고 스트레스도 푸는 것 같았다. 또 마라톤을 계속하면 체력도 기를 수 있어서 인기가 많은 것 같았다. ⓑ 잘 못 뛰는 사람도 괜찮을까? 동호회에는 달리기를 오래 한 사람부터 처음 시작하는 사람까지 마라톤을 좋아하는 다양한 사람들이 있었다. 먼저 가볍게 준비 운동을 하고 나서 달리기를 시작하니까 생각보다 힘들지 않았다. ⓒ 준비물이 많이 필요하지는 않을까? 운동복과 운동화만 있으면 마라톤을 할 수 있어서 편하게 올 수 있었다. 회비도 없었다. 그래서 회사원들도 대학생들도 많이 참여하는 것 같았다.

체력도 기를 수 있고 좋은 친구들도 사귈 수 있는 마라톤 동호회, 많은 사람들이 건강을 위해 이 동호회에 관심을 갖고 같이 뛰었으면 좋겠다. 기자도 앞으로 시간이 날 때마다 한강 공원에서 달려 보려고 한다.

이화일보 박유주 기자(parkyujoo@ewha.edu)

(1) ⓐ, ⓑ, ⓒ를 읽고 각 질문에 맞는 답을 찾아 연결해 보세요. 읽기 전략

질문	본문에 나온 답
① ⓐ 왜 이렇게 인기가 많은 걸까? •	• 다양한 친구들을 사귈 수 있다.
② ⓑ 잘 못 뛰는 사람도 괜찮을까? •	• 운동복과 운동화만 있으면 된다.
③ ⓒ 준비물이 많이 필요하지는 않을까? •	• 마라톤을 좋아하는 사람이면 다 괜찮다.

2. 다시 읽고 물음에 답해 보세요.

(1) 이 글은 무엇에 대한 글인지 골라 보세요.

① 어떤 동호회가 있는지 종류를 정리한 글

② 사람들에게 인기가 많은 동호회를 소개하는 글

③ 동호회에 어떻게 가입하는지 방법을 알려 주는 글

(2) 이 글을 읽고 잘못 이해한 사람을 골라 보세요.

① 다샤: 회비가 저렴해서 고민하지 않고 가입할 수 있겠어요.

② 위칭: 마라톤을 하면 스트레스를 해소할 수 있어서 좋겠네요.

③ 쇼타: 한강 공원에서 뛰어 보고 싶어서 이번 주에 가 보려고 해요.

(3) 읽은 내용으로 알맞은 것을 골라 보세요.

① 이 동호회는 일주일에 한 번 모인다.

② 마라톤을 계속하면 몸이 더 좋아진다.

③ 달리기를 잘하는 전문가들의 모임이다.

3. 1을 바탕으로 마라톤 동호회 회원을 모집하는 광고의 글을 써 보세요.

다 같이 뛰어 볼까요?

동호회 소개

달리기에 관심이 많으십니까? 혹시 혼자서 뛰는 게 힘드십니까? 이런 분들을 위해 마라톤과 건강에 관심이 많은 사람들이 모인 우리 마라톤 동호회를 소개하려고 합니다.

동호회 활동과 장점

마라톤 동호회에서는 어떤 활동을 할까요? 먼저 준비 운동을 하고 나서 한강 공원을 같이 뜁니다.

동호회 특징

달리기를 잘 못하는 사람도 괜찮을까요? 달리기를 못해도 괜찮습니다.

기타 정보

마라톤 동호회에서 활동하려면 무엇이 필요할까요? 운동복과 운동화만 있으면 마라톤을 할 수 있습니다.

그럼 화요일과 목요일 저녁 7시에 한강 공원에서 만나요.

마라톤 사랑 카페 cafe.ewha.edu/ewhamarathon

4 단원 소식과 정보

어휘와 표현 ❶ 안부

p.86

1. 밑줄 친 부분은 주요 어휘와 표현이에요. 의미로 알맞은 것을 연결해 보세요.

(1) 심심해요. • • ① 시간이 많고 바쁘지 않아요.

(2) 한가해요. • • ② 할 일이 없어서 지루하고 재미없어요.

(3) 정신없이 바빠요. • • ③ 일이 많거나 일을 빨리해야 해서 생각할 여유가 없어요.

2. 1의 밑줄 친 표현을 사용해 대화를 완성해 보세요.

엘렌 상우야, 방학인데 어떻게 지내?

상우 늦잠도 자고 학기 중에 하지 못한 운동도 해. 수업이 없으니까 여유 있고 (1) 한가해서 좋아.

엘렌 나도 시간은 많은데 특별한 일이 없어. 그래서 (2) ____________.

상우 그럼 너도 운동을 하거나 새로운 취미 활동을 시작해 보는 게 어때? 방학 끝나면 다시 바빠질 거야.

엘렌 맞아. 학기 중에는 수업도 듣고 아르바이트도 해야 돼서 (3) ____________. 그러니까 방학을 더 즐겁고 보람 있게 보내는 게 좋겠어.

3. 알맞은 것을 골라 글을 완성해 보세요.

고생하다	적응되지 않다	그럭저럭 잘 지내다

12월 12일

오늘은 한국에 온 지 한 달이 된 날이다. 한 달 전에 한국에 왔을 때는 외국에서 혼자 사는 게 처음이어서 걱정이 됐다. 특히 한국 생활이 고향과 달라서 (1) 적응되지 않았다. 식당에서 식사할 때도, 대중교통을 이용할 때도 실수를 많이 했다. 그리고 한국어도 잘하지 못했기 때문에 (2) ____________. 그런데 지금은 친구들도 많이 사귀었고 자주 가는 가게도 생겼다. 그래서 예전보다 한국 생활에 익숙해졌다. 요즘은 수업 시간에 공부하는 것도, 수업 후에 친구들과 노는 것도 재미있다. 그래도 가끔 외롭고 힘들지만 이제는 (3) ____________ 것 같다.

어휘와 표현 ❷ 대학 지원

1. 밑줄 친 부분은 주요 어휘와 표현이에요. 관계 있는 것을 연결해 대화를 완성해 보세요.

(1) "추천서를 누구한테 받지?" • —— • ① "너를 잘 알고 있는 선생님께 부탁드려 봐."

(2) "지원서를 작성할 때 뭘 써야 돼?" • • ② "이름, 연락처, 지원하는 학과, 전공 등을 쓰면 돼."

(3) "졸업증명서를 어디에서 발급 받을 수 있어?" • • ③ "직접 방문해서 받거나 인터넷에서 신청해서 뽑을 수 있어."

(4) "자기소개서를 쓸 때 뭘, 어떻게 쓰는 게 좋아?" • • ④ "성장 과정과 너의 장점, 지원 동기, 앞으로의 계획 등을 자세히 쓰는게 좋아."

2. 1의 밑줄 친 표현을 사용해 대화를 완성해 보세요.

저는 이화여자대학교에 진학하고 싶은데요. 지원할 때 어떤 서류가 필요한지, 서류를 어떻게 준비하는 게 좋은지 조언 좀 부탁드려요!

먼저 지원자를 잘 아는 분께 (1) 추천서를 받으세요. 보통 지원자를 가르치신 선생님께 부탁하는 게 좋습니다.

지원자를 소개하는 (2) ________________. 자신의 성격, 능력 등에 대해서 자세히 쓰는 게 좋습니다.

고등학교 졸업을 확인하기 위한 (3) ________________. 고등학교를 졸업한 사람만 지원 가능하니까 고등학교에 신청해서 미리 준비하세요.

(4) ________________ 때 틀린 정보를 쓰면 안 되니까 지원자 정보, 지원학과 등을 쓴 후에 꼼꼼하게 확인하세요.

3. 알맞은 것을 골라 대화를 완성해 보세요.

접수증을 받다	접수비를 결제하다	개인 정보를 입력하다	서류를 우편으로 제출하다

A 대학교 지원할 때 뭐부터, 어떻게 해야 돼요?

(1) B 먼저 홈페이지에 지원자의 이름, 생년월일 같은 개인 정보를 입력하세요.

(2) B ________________ 싶으면 통장으로 돈을 보내거나 카드로 내면 돼요.

(3) B 접수 후에 이메일로 ________________ 나서 접수 번호를 확인하세요.

(4) B 지원에 필요한 서류는 지원 기간 안에 학교에 도착해야 돼요. 기간 안에, 지원하는 학교에 ________________.

1. 그림을 보고 대화를 완성해 보세요.

(1) 

A 일요일에 뭐 했어?

B 집에 엘렌을 초대했어. 엘렌과 같이 저녁을 먹으면서 영화를 봤어.

(2) 

A 안나가 왜 울고 있어요?

B 저도 잘 모르겠어요. 아까부터 계속 ______ 통화하고 있어요.

(3) 

A 쇼타 씨는 스트레스가 쌓이면 어떻게 해요?

B 전 공원에서 뛰어요. ______ 땀을 흘리면 기분이 좋아지거든요.

(4) 

A 시험 끝났는데 친구들이랑 놀러 갈 거예요?

B 아니요. 집에 갈 거예요. 피곤해서 집에서 혼자 음악을 ______ 쉬려고요.

2. 알맞은 것을 골라 대화를 완성해 보세요.

돕다	보다	살다	운전하다

(1) A 여보세요? 지금 운전 중인데요. 30분 후에 다시 전화 주시겠어요?

B 아, 네. 운전하면서 통화하면 안 되니까 제가 나중에 다시 걸게요.

(2) A 루이즈 씨, 기숙사에 살지요? 기숙사 생활은 어때요?

B 아주 좋아요. 기숙사에 ______ 친구들도 많이 사귈 수 있어서 좋은 것 같아요.

(3) A 지금 이 식당에 자리가 있어요?

B 아니요. 조금 기다리셔야 돼요. 이 메뉴판을 ______ 잠깐만 기다려 주시겠어요?

(4) A 올리버 씨, 요리를 참 잘하네요. 요리를 누구한테서 배웠어요?

B 저희 어머니한테서요. 어머니가 요리하실 때 옆에서 음식 준비하시는 것을 같이 ______ 배웠어요.

문법 ② V-는 대신(에) (대체)

pp.89~90

1. 그림을 보고 문장을 완성해 보세요.

(1)

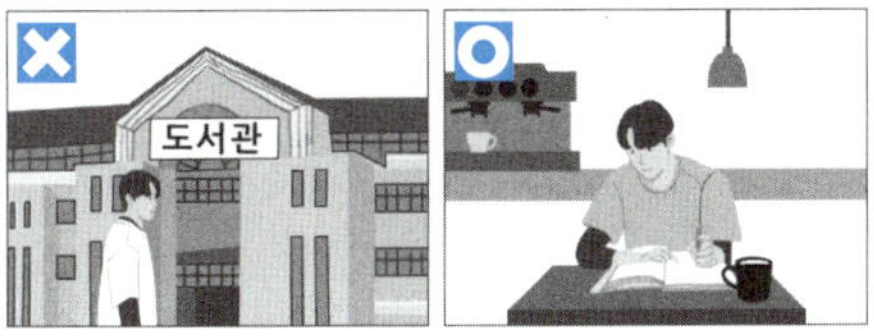

사람이 많을 것 같아서 도서관에 가는 대신(에) 카페에 가서 공부했어요.

(2)

친구에게 줄 크리스마스 카드를 직접 ____________________ 그냥 가게에서 샀어요.

(3)

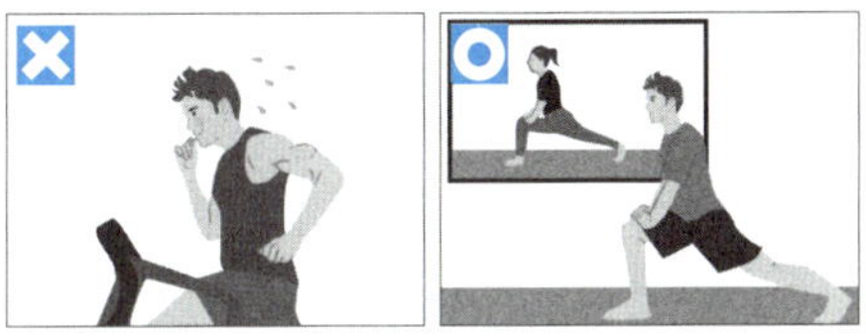

시간이 없어서 헬스장에 가서 ____________________ 집에서 운동 영상을 보면서 스트레칭을 하려고 해요.

(4)

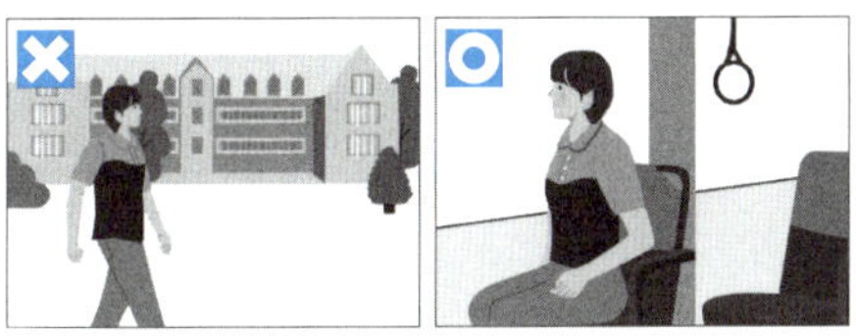

학교에서 집까지 가까워서 보통 걸어서 가지만 오늘은 너무 더우니까 ____________________ 버스를 타는 게 좋겠어요.

2. 알맞은 것을 골라 대화를 완성해 보세요.

현금	게임	부모님	음료수
물	산책	카드	할머니

(1) A 길거리 음식을 살 때는 꼭 현금을 내야 돼요?

B 현금 대신(에) 카드 으로/로 계산해도 돼요.

(2) A 우리 음료수도 시킬까요?

B 아니요. 저는 ____________________ 을/를 마실게요.

(3) A 심심한데 같이 밖에 나가서 산책할까?

B 나는 게임하고 싶은데 ____________________ 을/를 하면 안 될까?

(4) A 어렸을 때 할머니가 진영 씨를 키워 주셨어요?

B 네. 부모님이 두 분 다 일을 하셔서 ____________________ 와/과 있을 때가 많았어요.

문법 ③ A/V-(ㄴ/는)다고 하다

pp.92~93

1. 다음을 보고 대화를 완성해 보세요.

(1) 
올리버: 요즘은 한가해요.

A 요즘 올리버는 어떻게 지내요?

B 지난주까지 많이 바빴는데 요즘은 한가하다고 해요.

(2) 
조슈아: 어제 열이 나고 많이 아팠어요.

A 조슈아가 어제 왜 학교에 안 왔어요?

B 어제 열이 나고 많이 ______________.

(3) 
아나운서: 장마는 다음 주에 끝날 겁니다.

A 비가 정말 자주 오네요. 장마가 언제쯤 끝날까요?

B 뉴스에서 다음 주에는 장마가 ______________.

(4) 
기자: 한 사람이 1년 동안 책을 다섯 권 정도 읽습니다.

A 요즘은 사람들이 책을 많이 읽지 않는 것 같은데요.

B 맞습니다. 요즘 한 사람이 1년 동안 책을 다섯 권 정도 ______________.

2. 다음을 보고 문장을 완성해 보세요.

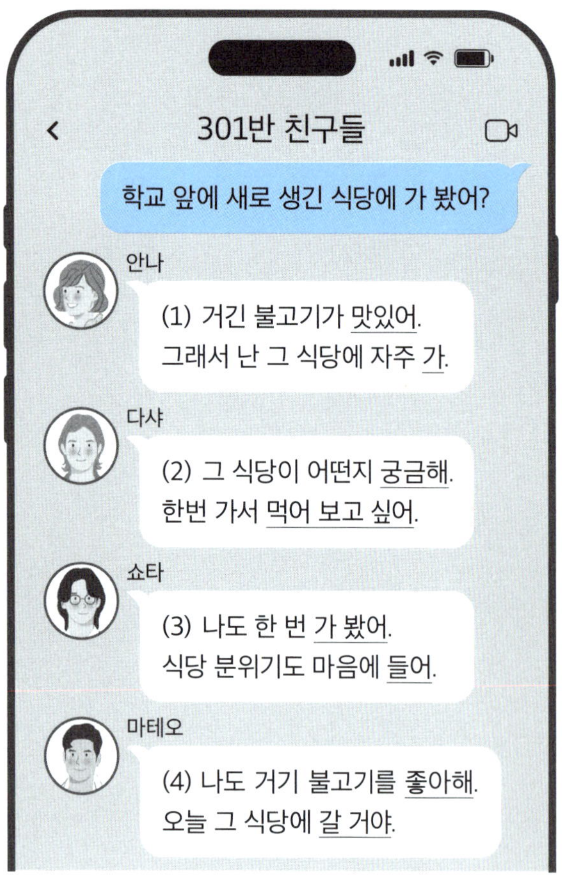

(1) 안나는 새로 생긴 식당 불고기가 맛있다고 했어요. 그래서 자기는 그 식당에 자주 ______________.

(2) 다샤는 새로 생긴 식당이 어떤지 ______________. 한번 가서 ______________.

(3) 쇼타는 자기도 그 식당에 한 번 ______________. 식당 분위기도 마음에 ______________.

(4) 마테오는 자기도 거기 불고기를 ______________. 오늘 그 식당에 ______________.

문법 ④ V-(으)라고 하다

pp.99~100

1. 다음을 보고 대화를 완성해 보세요.

(1) 다샤: 위칭, 내일은 일찍 일어나.

A 다샤, 주말에 차가 많이 막히니까 내일 아침 일찍 출발하자.

B 그래. 위칭한테도 내일은 일찍 일어나라고 할게.

(2) 선생님: 듣기 시험이 어려우니까 잘 듣고 문제를 푸세요.

A 이번 시험이 많이 어려울까요?

B 네. 선생님께서 특히 듣기 시험이 어려우니까 잘 듣고 문제를 ________________.

(3) 올리버: 발음이 좋아지려면 책을 큰 소리로 여러 번 읽으세요.

A 올리버는 한국어 발음이 정말 자연스럽네요.

B 그렇죠? 올리버가 발음이 좋아지려면 책을 큰 소리로 여러 번 ________________.

(4) 어머니: 인스턴트 음식을 많이 먹지 마.

A 진차오 씨가 유학 오기 전에 어머니께서 자주 말씀하신 게 있어요?

B 네. 건강을 지키려면 인스턴트 음식을 많이 ________________ ________________.

2. 다음을 보고 알맞은 것을 골라 ○표 해 보세요.

(1) 안나, 모임 장소 예약 좀 확인해 줘. / 응. 지금 확인할게.

쇼타가 안나에게 모임 장소 예약 좀 확인해 (주라고, **달라고**) 했어요.

(2) 용돈이 부족하니? / 네. 엄마, 용돈 좀 더 주세요.

유미가 어머니께 용돈이 부족하니까 자기에게 용돈을 좀 더 (주라고, 달라고) 했어요.

(3) 올리버 씨, 다른 직원들에게 메일 좀 보내 주세요. / 네. 알겠습니다.

부장님께서 올리버한테 다른 직원들에게 메일을 좀 보내 (주라고, 달라고) 하셨어요.

(4) 동생이 이 인형을 좋아할까? / 네. 동생에게 그 인형을 사 주세요.

아이가 아버지께 동생이 그 인형을 좋아할 것 같으니까 동생에게 그 인형을 사 (주라고, 달라고) 했어요.

1. 다음을 보고 대화를 완성해 보세요.

상황	선택	
(1) 저녁을 많이 먹다	☐ 내일 아침을 안 먹다	☑ 내일 운동을 열심히 하다
(2) 여름에 휴가를 안 내다	☑ 가을에 휴가를 내다	☐ 근무 시간을 줄이다
(3) 주말에 아르바이트를 하다	☑ 아르바이트 돈을 더 받다	☐ 월요일에 아르바이트를 쉬다
(4) 쇼타의 잃어버린 지갑을 찾아 주다	☐ 쇼타가 선물을 주다	☑ 쇼타가 점심을 사 주다

(1) A 다이어트 중인데 저녁을 너무 많이 먹었어요. 어떻게 하죠?

B 그래요? 그럼 저녁을 많이 먹은 대신(에) 내일 운동을 열심히 해 보세요.

(2) A 언제 여름 휴가 낼 거야?

B 일이 많아서 휴가를 낼 수 없어. 여름에 휴가를 ______________________.

(3) A 오늘 주말인데 아르바이트하러 나왔어요?

B 네. 특별한 행사가 있어서요. 주말에 아르바이트를 ______________________.

(4) A 쇼타의 지갑을 네가 찾아줬어?

B 응. 교실에 있었어. 어제 쇼타의 잃어버린 지갑을 ______________________.

2. 대화를 완성해 보세요.

(1) A 집 근처에 지하철역이 있어서 편리하지?

B 응. 그런데 편리한 대신(에) 좀 시끄러워. (편리하다, 시끄럽다)

(2) A 그 가게는 물건 가격이 비싼데 항상 물건을 사는 사람이 많아.

B 그렇지? 물건값이 ______________________. (비싸다, 품질이 좋다)

(3) A 이번 여름에는 정말 비가 많이 온 것 같아요.

B 맞아요. 그래도 비가 ______________________. (많이 오다, 별로 안 덥다)

(4) A 회사에서 어려운 일을 맡아서 정말 힘들겠어요.

B 어려운 일을 맡아서 ______________________. (힘들다, 배우는 것이 많다)

더 알아보기 ❷ N(이)라고 하다

p.93

1. 밑줄 친 부분을 맞게 고쳐 보세요.

(1) 루이즈는 자기 성격이 <u>긍정적이에요</u>. ⇨ 긍정적이라고 했어요.

(2) 진차오가 쇼타는 정말 좋은 <u>친구라고요</u>. ⇨ ____________________.

(3) 아까 안내 방송이 나왔는데 <u>뭐다고 했어요</u>? ⇨ ____________________?

(4) 마테오가 멕시코에서 유명한 <u>요리사이라고 했어요</u>. ⇨ ____________________.

(5) 그 소설이 이번 주에 가장 많이 팔린 <u>책이다고 합니다</u>. ⇨ ____________________.

더 알아보기 ❸ N(이)래요

p.95

1. 다음을 보고 문장을 완성해 보세요.

우리들의 여름
장르: 코미디
배경: 부산
내용: 우정에 대한 영화
배우: 김지훈, 하연수
★★★★
"정말 재미있어요."

(1) 루이즈가 보고 싶어 하는 영화의 제목은 〈우리들의 여름〉이래요.

(2) 영화 〈우리들의 여름〉의 장르는 ____________________. 재미있을 것 같아요.

(3) 영화 〈우리들의 여름〉의 배경은 ____________________. 부산 해운대도 영화에 나온대요.

(4) 영화 〈우리들의 여름〉은 우정에 대한 ____________________. 영화를 보면 친한 친구들이 생각날 거 같아요.

(5) 영화 〈우리들의 여름〉에 나오는 배우는 ____________________. 인기가 많은 두 배우가 나와서 기대돼요.

더 알아보기 4 A/V-(ㄴ/는)대요

p.95

1. 다음을 보고 대화를 완성해 보세요.

"엘렌, 나 유나야. 잘 지냈지? 늦은 시간이라서 메시지 남겨. 영국에 여행을 갔다가 어제 돌아왔어. 거기에서 너하고 안나에게 줄 선물도 (1) 샀어. 빨리 만나서 선물을 (2) 주고 싶어. 그런데 나는 내일부터 다시 아르바이트를 시작해서 평일에는 (3) 일하러 가. 그래서 주말에만 시간이 돼. 이번 주말에 시간 어때? 내가 괜찮은 식당을 아니까 (4) 예약할게. 학교에서 안나를 만나면 이번 주말에 시간이 있는지 물어봐 줘.

⇩

엘렌 안나야, 어젯밤에 유나가 나한테 메시지를 보냈는데 영국에 여행을 갔다가 어제 돌아왔대. 거기에서 나랑 너에게 줄 선물도 (1) 샀대________. 그래서 빨리 만나서 선물을 (2) __________. 그런데 유나는 내일부터 다시 아르바이트를 시작해서 평일에는 (3) __________. 넌 이번 주말에 시간 어때? 유나가 괜찮은 식당을 아니까 (4) __________.

안나 좋아. 이번 주 토요일에 만나자.

더 알아보기 5 V-(으)래요

p.102

1. 다음을 보고 대화를 완성해 보세요.

(1) 
마테오

지금 바쁘니까 이따가 전화해.

A 왜 전화를 금방 끊었어?

B 마테오가 지금 바쁘니까 이따가 전화하래________.

(2) 
진영

그 운동화는 불편하니까 사지 마.

A 어제 왜 운동화를 안 샀어요? 그거 사고 싶어했잖아요.

B 진영이가 자기도 그 운동화를 샀는데 그 운동화는 불편하니까 __________.

(3) 
위칭

유명한 불고기 식당 좀 알려 주세요.

A 다음 주에 위칭 부모님이 한국에 오신대요.

B 그래서 위칭이 부모님과 함께 식사하려고 유명한 불고기 식당 좀 __________.

(4) 
기자

일주일에 세 번, 30분 이상 걸으십시오.

A 요즘 왜 운전을 안 하고 걸어서 출근하세요?

B 많이 걸으려고요. 건강 정보를 찾아봤는데 거기에서 일주일에 세 번, 30분 이상 __________.

듣고 쓰기

1. 레아와 선생님의 대화예요. 듣고 물음에 답해 보세요.

7

(1) 들은 내용으로 알맞은 것을 골라 보세요.

① 레아는 선생님을 집에 초대했어요.

② 선생님과 레아는 지금 학교에 있어요.

③ 브루나는 선생님과 만나기로 약속했어요.

(2) 다시 듣고 레아가 브루나에게 보내는 문자 메시지를 써 보세요.

레아

브루나, 방금 김민지 선생님을 만났어. 선생님은 요즘 평일에는 수업하시고 주말에는 ① ______________________ 그럭저럭 잘 지내고 계신 것 같아. 네가 오늘 ② ______________________ 선생님 드리려고 쓴 편지는 내가 잘 전달했어. 다음에는 학교에 같이 가자.

오후 2:10

2. 기자와 황민호의 대화예요. 듣고 물음에 답해 보세요.

8

(1) 황민호가 배우가 되기 위해 한 일이 아닌 것을 골라 보세요.

①

②

③

(2) 다시 듣고 들은 내용을 써 보세요.

황민호는 아나운서였는데 배우가 됐다. 어렸을 때부터 배우가 되고 싶었기 때문에 계속 ① ______________________ 더 늦기 전에 배우가 되기 위해 학원에 다녔다. 그리고 학원을 다니는 중에 영화를 촬영하게 됐다. 배우가 되니까 힘들지만 배우는 것도 많다고 한다. 동료 배우들은 황민호를 좋아해 주고 ② ______________________. 그런데 감독님은 황민호가 가끔 ③ ______________________. 황민호는 좋은 배우가 되기 위해서 노력하겠다고 했다.

말하기

1. 다음을 읽고 ⓐ, ⓑ에 들어갈 말로 알맞은 것을 골라 보세요.

진차오	유나야, 요즘 들은 유명인의 새로운 소식이 있어?
유나	내가 BTS 팬이거든. 어제 BTS의 새 소식을 뉴스에서 들었어.
진차오	BTS? 이름은 많이 들어봤지만 잘 몰라. 어떤 그룹이야?
유나	한국의 대표 케이팝 그룹으로 활발하게 ____ⓐ____ 전 세계에서 인기를 끈 그룹이야.
진차오	그렇구나. BTS에게 어떤 새로운 소식이 있어?
유나	다음 주에 새 음악이 나온대. 그래서 이제 곧 음악 방송에도 많이 나오고 ____ⓑ____.

① ⓐ 해외 공연을 하면서 ⓑ 활동을 끝냈다고 해

② ⓐ 해외 활동을 하면서 ⓑ 콘서트도 연다고 해

③ ⓐ 해외 작품을 보면서 ⓑ 여러 행사를 열 거라고 해

2. 다음 물음에 답해 보세요.

(1) 취업 지원서에 대해 궁금한 점을 묻는 말로 알맞은 것을 골라 보세요. 말하기 기능

A 취업 지원서에 ________________________________?

B 일단 자신의 성격이나 능력의 장점을 써야 한대요.

① 무슨 내용을 쓰지 않았어요 ② 뭘 써야 하는지 알고 있어요 ③ 중요한 점이 무엇인지 아세요

(2) 정보의 출처와 정보를 전달하는 말로 알맞은 것을 골라 보세요. 말하기 기능

A 취업 지원서에 대해 어떻게 그렇게 잘 아세요? 어디에서 들었어요?

B ________________________________.

① 선배한테 자주 상담해 보세요. 선배도 회사마다 지원서가 달라서 고생했어요.

② 선배가 제 말을 잘 들어 줬어요. 선배가 회사마다 지원서가 달라서 힘들겠대요.

③ 선배에게 물어봤어요. 선배한테 물어보니까 회사마다 지원서가 다르니까 꼭 문의하래요.

(3) 대회 지원 영상에 대해 궁금한 것을 질문하고 정보의 출처와 함께 정보도 전달하는 대화를 완성해 보세요. 그리고 말해 보세요.

루이즈에게 댄스 대회를 지원할 때 제출해야 하는 지원 영상에 대해서 궁금한 점을 묻고 정보를 어디에서 들었는지도 물어보세요.

댄스 대회 지원 영상에 대해 물어보는 샤니에게 자신이 아는 것을 말하세요. 그리고 정보의 출처를 말하고 정보 내용도 전달하세요.

1 **대회 지원 준비 정도 답하기**

사실 지원 안내문 | 나오기 전 | 지원 준비 | 시작하다 + 준비 | 거의 끝내다

샤니　루이즈, 댄스 대회 지원 준비는 잘하고 있어? 다음 주까지 준비를 끝내야 하는데 할 일이 정말 많네.

루이즈　① ______________________________ ______________________________.

2 **대회 지원 영상에 대해서 궁금한 점 묻기**

영상 | 어떤 내용 | 찍다

샤니　부러워. 그런데 ② ______________________________?

루이즈　일단 영상은 자신의 장점이 잘 보이게 찍어야 된대. 무엇보다 다른 지원자가 출 수 없는 자신만의 춤을 보여 주는 게 좋대.

3 **정보의 출처와 정보 전달하기**

인터넷 영상 | 전문가의 말 | 듣다
전문가 | 의하다 + 지원 안내 | 읽다 + 궁금한 것 | 있다 + 꼭 문의하다

샤니　그런데 넌 어떻게 그렇게 잘 알아? 어디에서 들었어?

루이즈　③ ______________________________. ______________________________ ______________________________.

4 **격려하기**

너 | 대회 | 많이 나가다 + 이번 | 문제 없다

샤니　그렇구나. ④ ______________________________ ______________________________.

루이즈　고마워. 너도 준비 잘해.

읽고 쓰기

1. 다음을 읽고 물음에 답해 보세요.

보내는 사람: 리카<rika@jamail.com>
받는 사람: 다샤 <dasha@rumail.com>
제목: 다샤, 나 리카야.

다샤에게

[1] 다샤, 안녕? 요즘 어떻게 지내? 난 일본에서 잘 지내고 있어. 사실 내가 좀 부탁할 게 있어.

[2] 내가 이번 여름에 부모님과 함께 제주도로 여행을 가려고 해. 인터넷으로 여행 정보를 찾아봤는데 정보가 부족해서 너에게 좀 물어보고 싶어. 혹시 너도 잘 모르면 제주도를 여행해 본 친구에게 정보를 물어봐 줄 수 있어? 내가 오랜만에 부모님과 함께 여행하는 거라서 좋은 추억을 남기고 싶거든.

[3] 먼저 제주도의 숙소와 교통수단이 궁금해. (ⓐ) 간단한 정보는 여행 홈페이지를 보면 알 수 있지만 숙소 위치가 괜찮은지, 숙소에 어떤 시설이 있는지 모르겠어. 우리는 차를 빌리지 않고 여행할 건데 특히 우리 부모님이 버스나 택시로 여행하는 게 어떤지 물어봐 달라고 하셨어.

[4] (ⓑ) 비가 오면 갈 곳도 미리 알아보려고 해. 박물관이나 미술관 중에 좋은 곳이 있으면 알려 줘. (ⓒ) 그리고 맛집도 알려 주면 좋겠어.

[5] 질문이 너무 많지? 다음에 혹시 일본에 오게 되면 꼭 연락 줘. 네가 여러 가지 알아봐 주는 대신에 내가 맛있는 음식을 대접할게. 그럼 연락 기다릴게.

리카가

(1) 의미적으로 내용이 같은 단락을 묶고 중심 내용을 맞게 쓴 것을 골라 보세요. 읽기 전략

① [1], [2] : 리카가 다샤에게 요즘 안부를 묻고 있어요.

② [3], [4] : 리카가 제주도 여행에 대해 궁금한 것들을 묻고 있어요.

③ [4], [5] : 리카가 다샤와 만나려고 약속을 하고 있어요.

2. 다시 읽고 물음에 답해 보세요.

(1) 다음 문장이 들어갈 곳으로 알맞은 것을 골라 보세요.

제주도는 비가 많이 온다고 들었어.

① ⓐ　　② ⓑ　　③ ⓒ

(2) 리카가 궁금해하는 것으로 맞지 않는 것을 골라 보세요.

① 

② 

③ 

(3) 읽은 내용으로 알맞은 것을 골라 보세요.

① 리카는 이번 여름에 오랜만에 부모님과 여행할 거예요.

② 다샤는 제주도에 다녀온 적이 있지만 정보를 잘 몰라요.

③ 리카는 여행 홈페이지에서 제주도에 대해 찾지 못했어요.

3. 1을 바탕으로 유나에게 제주도 여행 정보를 부탁하는 글을 써 보세요.

보내는 사람: 다샤 <dasha@rumail.com>
받는 사람: 유나 <yuna@ewhaedu.com>
제목: 유나야, 나 다샤야.

첫인사
이메일을 쓴 이유

유나에게

유나야, 안녕? 방학 잘 보내고 있어? 벌써 이 주가 지났네. 사실 내가 너에게 물어보고 싶은 게 있는데 질문이 많아서 이메일을 보내.

친구에게
부탁하려고 하는 것

나에게 친한 일본인 친구가 있는데 이번 여름에 부모님과 함께 제주도로 여행을 가려고 한대.

친구가
궁금해하는 것

넌 제주도에 여러 번 갔잖아. 그러니까 네가 아는 것 좀 알려 줘. 부탁할게.

내 친구는 먼저 제주도의 숙소와 교통수단이 궁금하대.

끝인사

방학에 번거로운 부탁을 해서 미안해. 네가 여러 가지 알려 주는 대신에 방학 끝나고 만나면 내가 밥 살게. 이메일 보면 나에게 연락 줘.

다샤가

5 단원 건강과 생활 습관

어휘와 표현 ❶ 증상

p.108

1. 알맞은 것을 골라 대화를 완성해 보세요.

몸살이 나다	발목을 삐다	눈이 빨개지다

A 어디가 아파서 오셨어요?

(1) B 3일 동안 밤을 새워 일해서 몸살이 났어요.

(2) B 어제 등산을 갔는데 넘어져서 __________.

(3) B 아침에 일어나서 거울을 보니까 오른쪽 __________.

2. 밑줄 친 부분은 주요 어휘와 표현이에요. 관계있는 것을 연결해 대화를 완성해 보세요.

(1) "뭘 잘못 먹었는지 속이 불편해요." •　　• ① "허리에 찜질을 하시고 가벼운 스트레칭을 하세요."

(2) "무거운 짐을 든 후로 허리 통증이 심해요." •　　• ② "속이 편안해질 때까지 가볍고 부드러운 음식만 드세요."

(3) "어제부터 자꾸 눈이 가려워서 비벼요." •　　• ③ "증상이 심해지지 않게 눈을 만지지 말고 빨리 병원에 가세요."

3. 2의 밑줄 친 표현을 사용해 대화를 완성해 보세요.

(1) A 다샤 씨, 눈이 왜 그렇게 빨개요?

B 알레르기 때문에 조금 전에 눈이 가려워서 비볐어요. 그래서 조금 빨개진 것 같네요.

(2) A 유나야, 왜 이렇게 밥을 많이 남겼어? 어디 아파?

B 응. 아침부터 계속 __________. 아침에 밥을 급하게 먹어서 그런 것 같아.

(3) A 올리버 씨, 어디가 불편해요? 좀 힘들어 보여요.

B 어제 친구 이사를 도와주면서 무거운 짐을 좀 들었는데 그 후로 __________.

오늘 수업 후에 정형외과에 가 보려고요.

어휘와 표현 ❷ 생활 습관

p.120

1. 밑줄 친 부분은 주요 어휘와 표현이에요. 관계있는 것을 연결해 보세요.

(1) 돈을 절약해요. •　　　　• ① "싫어하는 채소도 고기와 함께 먹어요."

(2) 시간을 아껴 써요. •　　　　• ② "돈을 꼭 필요한 곳에만 쓰려고 노력해요."

(3) 음식을 골고루 먹어요. •　　　　• ③ "컵을 사용한 후에 바로 씻어서 정리해요."

(4) 물건을 제자리에 놓아요. •　　　　• ④ "시간이 있을 때마다 단어를 외우면서 시간을 보내요."

2. 1의 밑줄 친 표현을 사용해 대화를 완성해 보세요.

A 새해에 어떤 결심을 했어요?

(1) B 점심시간에 밥을 빨리 먹고 남은 시간에 운동을 하면서 시간을 아껴 쓸 거예요.

(2) B 저는 항상 먹고 싶은 음식만 먹어요. 올해는 건강을 위해서 ______________________ 거예요.

(3) B 작년에 외식으로 돈을 너무 많이 썼어요. 올해는 ______________________ 위해서 집에서 직접 요리해서 먹으려고 해요.

(4) B 저는 정리를 잘 못 해요. 올해는 깨끗한 집이 되도록 필요한 물건은 버리고 물건을 쓴 후에는 사용한 ______________________ 거예요.

3. 알맞은 것을 골라 대화를 완성해 보세요.

과식하다	늦잠을 자다	아침을 굶다	규칙적인 생활을 하다

엘렌　얼굴이 너무 안 좋아 보여. 무슨 일 있어?

안나　응. 점심 때 (1) 과식해서 ______________ 속이 안 좋아. 아침을 못 먹어서 수업을 들을 때 배가 너무 고팠거든.

엘렌　오늘도 (2) ______________________?

안나　응. 아침을 안 먹는 게 습관이 돼서 고치는 게 쉽지 않네. 아침에 늦게 일어나니까 시간이 부족해서 식사를 자주 안 하게 돼.

엘렌　내일부터 (3) ______________________ 말고 일찍 일어나. 아침을 안 먹으니까 점심을 많이 먹게 되는 거야. 앞으로 아침에 일찍 일어나고 정해진 시간에 먹는 (4) ______________________ 건강도 좋아질 거야.

문법 ❶ V-다가

pp.109~110

1. 그림을 보고 대화를 완성해 보세요.

(1) 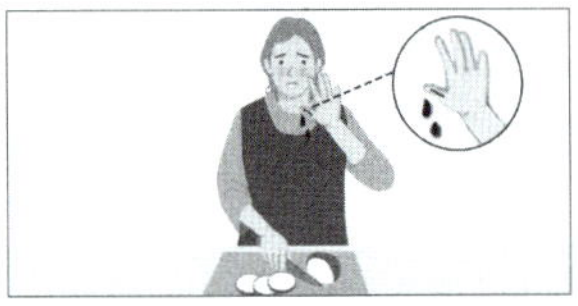

A 다샤 씨, 손을 다쳤어요?

B 네. 어제 집에서 감자를 썰다가 조금 다쳤어요.

(2) 

A 올리버 씨 어디 갔어요?

B 아까 ______________ 전화를 받고 급하게 나갔어요.

(3) 

A 엘렌 씨, 지금 뭐 해요?

B 그림을 ______________ 잠깐 쉬면서 커피를 마시고 있어요.

(4) 

A 마테오, 어디야? 여행 가방은 다 쌌어?

B 짐을 ______________ 샴푸를 사러 잠깐 편의점에 가고 있어.
샴푸만 사고 다시 들어가서 짐을 싸려고.

2. 알맞은 것을 골라 대화를 완성해 보세요.

가다	살다	찾다	풀다

(1) A 연습 문제를 풀다가 모르는 게 있으면 질문하세요.
B 네. 알겠습니다.

(2) A 한국에서 오래 살았어요?
B 아니요. 어렸을 때 2년 정도 ______________ 미국으로 갔어요.

(3) A 이 식당은 어떻게 알게 됐어요?
B 얼마 전에 인터넷에서 삼겹살을 잘하는 집을 ______________ 알게 됐어요.

(4) A 여기에서 백화점까지 어떻게 가야 해요?
B 똑바로 쭉 ______________ 사거리에서 오른쪽으로 가시면 백화점이 보일 거예요.

문법 ❷ 사동사

1. 다음을 보고 밑줄 친 부분을 맞게 고쳐 보세요.

(1) 손님, 다 왔습니다. 차를 어디에서 서 드릴까요?

⇨ 세워 드릴까요 ?

(2) 상우는 재미있는 말을 많이 해서 항상 사람들을 잘 웃어.

⇨ ______________________ .

(3) 할머니께서 많이 편찮으셨는데 의사 선생님이 살아 주셨어요.

⇨ ______________________ .

(4) 위칭 씨, 급한 일이 생겨서 그러는데 약속을 한 시간 정도 늦을 수 있어요?

⇨ ______________________ ?

2. 알맞은 것을 골라 글을 완성해 보세요.

먹다	신다	쓰다	입다

오늘 언니가 오후에 급한 일이 있어서 언니가 올 때까지 조카 다미를 돌봤다. 언니가 외출하고 오후 2시쯤 다미가 일어나서 다미에게 우유를 (1) 먹였다 . 그리고 외출하기 위해 다미에게 따뜻한 옷을 (2) ______________ 편한 신발을 (3) ______________ . 마지막으로 다미의 머리에 예쁜 모자를 (4) ______________ 공원에 갔다. 꽃구경을 하면서 좋아하는 다미를 보니까 나도 기뻤다. 귀여운 다미와 시간을 보내기 위해 주말에도 언니 집에 가려고 한다.

1. 알맞은 것을 골라 대화를 완성해 보세요.

낫다	보이다	해소되다	늦지 않다

(1) A 선생님, 감기가 잘 안 나아요.

B 감기가 빨리 낫도록 ____________ 따뜻한 물을 자주 마셔 보세요.

(2) A 면접이 3시인데 벌써 나가요?

B 네. 길이 막힐 것 같아서요. 면접 시간에 ____________ 일찍 가려고요.

(3) A 요즘 일 때문에 스트레스를 너무 많이 받아요.

B 그럼 노래방에 가서 스트레스가 ____________ 큰 소리로 노래를 불러 보세요.

(4) A 선생님, 글씨가 너무 작아요. 뒤에 앉은 사람도 잘 ____________ 글씨를 크게 써 주세요.

B 네. 알겠어요.

2. 알맞은 것을 골라 ◯표 해 보세요.

(1) A 벌써 2시인데 왜 아직까지 점심을 안 먹었어?

B 너랑 같이 (먹도록, (먹으려고)) 기다렸어.

(2) A 이 옷을 직접 만들었어요?

B 네. 제가 크리스마스에 (입도록, 입으려고) 만들었어요.

(3) A 교실이 너무 덥지 않아요?

B 그러네요. 교실이 (시원해지도록, 시원해지려고) 창문을 좀 열게요.

(4) A 아까 전화했지? 회의 중이라 전화를 못 받았는데 무슨 일이야?

B 아, 내일 반 모임 장소가 어딘지 (물어보도록, 물어보려고) 전화했어.

(5) (지하철 안에서)

A 지후야, 다른 손님들에게 (방해되지 않도록, 방해되지 않으려고) 조용히 이야기할까?

B 네. 아빠. 작게 말할게요.

문법 ④ V-게 하다

pp.121~122

1. 다음을 보고 대화를 완성해 보세요.

공연 준비를 어떻게 나눠서 할까?

할 일

(1) 초대장을 만들다 → 유나
(2) 공연 사진을 찍다 → 조슈아
(3) 공연장을 예약하다 → 상우
(4) 공연 때 입을 옷을 빌리다 → 엘렌

(1) 유나가 초대장을 만들게 하자.

(2) 조슈아가 ______________________.

(3) 상우가 ______________________.

(4) 엘렌이 ______________________.

2. 알맞은 것을 골라 대화를 완성해 보세요.

갖다	먹다	만나다	이야기하다

제 동생이 오래 사귄 여자 친구와 헤어져서 요즘 밥도 잘 안 먹고 말도 잘 안 해서 고민이에요.

그렇군요. 그러면 동생을 옆에서 많이 도와주는 게 좋겠어요. 우선 건강을 위해서 제시간에 밥을 (1) 먹게 하세요. 그리고 마음속에 있는 생각을 (2) ______________. 동생이 집에 혼자 있는 것은 좋지 않아요. 다른 친구들도 자주 (3) ______________ 새로운 취미를 (4) ______________ 것도 좋은 방법이에요.

더 알아보기 -시키다

p.117

1. 알맞은 것을 골라 글을 완성해 보세요.

목욕하다	산책하다	인사하다	준비하다

유나야, 내가 여행을 간 동안 하루에 두 번 공원에 가서 강아지를 (1) 산책시켜 ________. 산책 후에 집에 돌아와서 꼭 (2) ________________.

언니가

올리버 씨, 제가 출장을 갔을 때 새로 온 인턴사원들이 첫 출근을 하면 다른 팀에 데려가서 (3) ________________. 그리고 인턴사원들에게 다음 주에 있을 회의를 (4) ________________.

김 부장

2. 알맞은 것을 골라 ○표 해 보세요.

(1) A 부모님이 한국에 오시면 뭐 할 거예요?

B 부모님과 같이 서울의 유명한 곳을 (구경할, 구경시킬) 거예요.

(2) A 쇼타 씨, 어디 갔다 와요?

B 네. 너무 잠이 와서 화장실에 가서 (세수하고, 세수시키고) 왔어요.

(3) A 어떡하죠? 지갑이 없어진 거 같아요.

B 그러면 빨리 카드 회사에 전화해서 카드를 (정지하세요, 정지시키세요).

(4) A 내가 뭘 도와줄까?

B 내가 아까 세탁기에 빨래를 돌렸어. 먼저 그 빨래들을 좀 (건조해, 건조시켜) 줘.

듣고 쓰기

1. 인터넷 방송 진행자와 의사의 대화예요. 듣고 물음에 답해 보세요.

9

(1) 들은 내용으로 알맞은 것을 골라 보세요.

① 방송 후에 녹차에 대한 댓글이 많이 달렸어요.

② 식사가 끝나자마자 바로 녹차를 마시는 게 좋아요.

③ 녹차를 끓인 후에 조금 식혀서 따뜻하게 마셔야 해요.

(2) 다시 듣고 건강 정보를 소개하는 글을 써 보세요.

과식하고 소화가 잘 안 될 때나 ① ______________________ 음료수가 생각날 때 콜라를 찾는 분들이 있습니다. 이럴 때 콜라 대신 녹차를 마셔 보세요. 음식을 먹고 속이 답답할 때 콜라는 속이 시원해지는 느낌만 주지만 녹차는 실제로 우리 몸의 소화를 돕는 데 효과가 크다고 합니다. 오늘부터 콜라 ② ______________________ 녹차를 마시는 게 어떨까요?

2. 의사와 올리버의 대화예요. 듣고 물음에 답해 보세요.

10

(1) 올리버의 증상으로 맞지 <u>않는</u> 것을 골라 보세요.

①
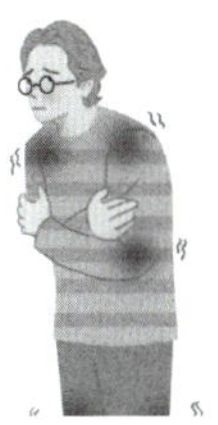

②

③

(2) 다시 듣고 들은 내용을 써 보세요.

올리버는 요즘 며칠 동안 늦게까지 ① ______________________ 새벽에 자서 몸살이 났다. 의사는 쉬지 못해서 병이 났을 때는 처방해 준 약을 먹는 것도 좋지만 ② ______________________ 잠을 푹 자고 운동을 하는 게 좋다고 했다. 그리고 앞으로 병이 다 나을 때까지 ③ ______________________ 땀을 흘리는 가벼운 운동을 하는 것을 추천했다.

말하기

1. 다음을 읽고 ⓐ, ⓑ에 들어갈 말로 알맞은 것을 골라 보세요.

안나	유나 씨, 혹시 여름에 야외 활동을 할 때 다친 적이 있어요?
유나	네. 작년에 수영장에 갔을 때 빨리 걷다가 미끄러져서 다친 적이 있어요.
안나	아, 그래요? 그러면 수영장에서는 ____ⓐ____ 조심해서 걸어 다니는 게 좋겠네요. 여름에 날씨가 더운데 야외 활동을 하면서 또 주의해야 할 게 있을까요?
유나	너무 오랜 시간 뜨거운 햇볕 아래에서 놀면 피부가 빨개질 수 있어요.
안나	그렇군요. 저도 그런 적이 있는데 그런 문제를 피하려면 어떻게 하는 게 좋아요?
유나	혹시 놀다가 피부가 빨갛게 되면 차가운 물로 피부의 ____ⓑ____.

① ⓐ 시끄럽지 않도록　　ⓑ 열을 낮추세요

② ⓐ 넘어지지 않도록　　ⓑ 열을 올리세요

③ ⓐ 사고가 나지 않도록　　ⓑ 열을 식히세요

2. 다음 물음에 답해 보세요.

(1) 친구의 습관을 듣고 놀람을 표현하는 말로 알맞은 것을 골라 보세요. 말하기 기능

A　저는 매일 새벽에 등산을 가요.

B　________________________.

① 저도요. 일찍 등산을 가면 건강에 좋죠

② 매일 새벽에요? 전 꿈도 못 꿀 일인데요

③ 그렇군요. 새벽에 일어나면 피곤할 거 같네요

(2) 습관을 갖게 된 계기를 표현하는 말로 알맞은 것을 골라 보세요. 말하기 기능

A　어떻게 해서 정리하는 습관이 생겼어요?

B　________________________.

① 사용한 물건을 바로 정리하는 습관을 갖는 게 중요해요

② 저는 항상 물건을 사용하면 제자리에 놓지 않을 때가 많아요

③ 부모님께서 어렸을 때부터 제가 사용한 물건을 제자리에 놓도록 하셨어요

(3) 친구의 습관을 듣고 놀람을 표현하고 친구가 좋은 습관을 갖게 된 계기를 이야기하는 대화를 완성해 보세요. 그리고 말해 보세요.

엘렌에게 고민이 있는지 물어보세요. 그리고 한 달 용돈을 묻는 엘렌에게 돈을 아껴 쓰게 된 계기를 말하고 습관의 중요성을 이야기하세요.

쇼핑을 줄이고 싶지만 사고 싶은 물건이 있으면 자꾸 사게 돼요. 상우에게 한 달 용돈을 묻고 놀람을 표현하세요. 그리고 돈을 아껴 쓰는 습관을 갖게 된 계기를 물으세요.

1 **습관 바꾸기의 어려움 말하기**

쇼핑 | 줄이다 + 쉽다 ×

상우	엘렌 씨, 무슨 걱정이 있어요?
엘렌	지난달에 쇼핑으로 돈을 많이 썼어요.
	① ______________________________ .
	상우 씨는 쇼핑으로 돈을 얼마나 써요?

2 **친구의 습관 듣고 놀람 표현하기**

정말이다
너무 적다 ×

상우	저는 한 달에 30만 원 정도 써요.
엘렌	② ______________________________?
	______________________________?
상우	괜찮아요. 그런데 저도 어렸을 때는 돈을 정말 많이 썼어요.

3 **습관을 바꾸게 된 계기 답하기**

부모님 | 꼭 써야 할 곳 | 돈 | 쓰다 + 쇼핑 전 | 메모하다 + 돈 | 아껴 쓰다

엘렌	그렇군요. 어떻게 해서 쓰는 돈을 줄였어요?
상우	어렸을 때 제가 용돈을 많이 쓰니까 부모님께서 살 것을 정해서 돈을 쓰게 하셨어요.
	③ ______________________________ .

4 **습관의 중요성 말하기**

그때 | 그랬다 + 지금 | 습관 | 되다 + 쇼핑하다 ×

상우	정말요? 어렸을 때는 싫었겠어요.
엘렌	④ ______________________________ .
	엘렌 씨도 쇼핑하기 전에 메모를 해 보세요.

읽고 쓰기

1. 다음을 읽고 물음에 답해 보세요.

이화 생활

시험 스트레스, 이젠 안녕!

[1] 시험 기간이 되면 갑자기 배가 자주 아프고 피부에 뭐가 많이 나세요? 아무 이유 없이 짜증이 나고 기분 변화가 심하세요? 이런 증상은 보통 시험 스트레스 때문이에요. 가벼운 스트레스도 오래되면 우리의 몸과 마음을 상하게 할 수 있어요. 시험 스트레스로 힘들어하는 분들에게 도움이 될 여러분만의 시험 스트레스 해소법을 댓글로 남겨서 우리 같이 시험 스트레스를 해소해 봐요!

[2] slo**

스트레스를 해소하려면 많이 자야 해요. 저는 시험 기간이 되면 밤을 새워서 공부했는데요. 잠이 부족하니까 더 피곤하고 공부에 집중도 안 되고 기억도 안 났어요. 그래서 집중하는 시간을 늘리기 위해서 평소보다 시험 기간에 더 많이 자려고 노력해요.

[3] gongbusi**

쉬는 시간을 가져야 해요. 저도 몸이 피곤할 때 스트레스가 더 심했어요. 저는 우리 몸을 충분히 쉬게 한 후에 즐겁게 공부할 수 있도록 하는 것이 가장 중요하다고 생각해요. 스트레스를 줄이기 위해서 일요일 오전이나 오후는 완전히 공부에서 떠나 편안한 마음으로 쉬는 걸 추천해요.

[4] chocolo**

시험 기간에 굶지 말고 맛있는 음식을 먹어야 해요. 시험 기간에 입맛이 없다고 굶는 분들이 많은데요. 저는 시험 기간이 되면 하루에 한 번 맛있는 음식을 많이 먹어요. 공부하다가 스트레스로 머리가 아플 때는 초콜릿을 먹거나 과일 주스를 마셔요. 단 음식을 먹으면 기분이 좋아져서 공부가 더 잘되거든요.

(1) [2]의 중심 내용으로 알맞은 것을 골라 보세요. 읽기 전략

① 시험 기간이 되면 더 많이 자야 한다.
② 공부할 시간이 부족하니까 밤을 새워야 한다.
③ 공부한 내용을 잘 기억하기 위해 집중해야 한다.

2. 다시 읽고 물음에 답해 보세요.

(1) 이 글을 읽고 알 수 있는 내용으로 맞지 않는 것을 골라 보세요.

① 시험 스트레스의 증상
② 시험공부를 쉽게 하는 방법
③ 스트레스 때문에 생기는 문제

(2) 읽은 내용으로 알맞은 것을 골라 보세요.

① 시험 결과 때문에 힘들어하는 사람들이 많다.

② 스트레스 해소를 위해 주말에 쉬는 게 좋다.

③ 전문가들의 스트레스 해소법을 소개하고 있다.

(3) 이 글을 읽은 사람들의 반응으로 알맞은 것을 골라 보세요.

① 올리버: 시험 기간에 아침, 점심, 저녁을 꼭 챙겨 먹을 거예요.

② 루이즈: 스트레스를 받을 때 초콜릿과 과일을 먹을 거예요.

③ 마테오: 잠이 올 수 있으니까 시험 기간에는 조금 적게 먹을 거예요.

3. 1을 바탕으로 시험 스트레스의 원인과 해결 방법에 대한 글을 써 보세요.

	시험 스트레스, 이렇게 해소하자!
시험 스트레스의 증상	아무 이유 없이 배가 자주 아프고 짜증이 나고 기분 변화가 심한가? 갑자기 피부에 뭐가 나기 시작했는가? 시험이 가까워지면 시험 스트레스로 힘들어 하는 사람이 많다.
시험 스트레스가 생기는 원인	시험 기간에 밤을 새워서 공부하는 사람들이 많은데 시험 스트레스는 몸이 피곤하고 바쁘다는 이유로 잘 먹지 않을 때 더 많이 생긴다. 시험 기간에 잠깐 생긴 스트레스도 계속되면 우리의 몸과 마음을 상하게 할 수 있다.
시험 스트레스 해결 방법	스트레스를 해소하기 위해서는 첫째, 많이 자야 한다. ______ 둘째, ______ 마지막으로 시험 기간에 굶지 말고 정해진 시간에 맛있는 음식을 먹어야 한다. 공부하다가 스트레스로 머리가 아플 때 초콜릿이나 과일 주스와 같은 단 음식을 먹는 것도 스트레스 해소에 좋다.
시험 스트레스 해결 제안	이제 시험 기간에 스트레스로 힘들 때 이런 방법으로 도움을 받아 보면 어떨까? 지금보다 즐거운 시험 기간을 보낼 수 있을 것이다.

6 단원 내가 사는 도시

어휘와 표현 ❶ 도시와 시골

p.130

1. 밑줄 친 부분은 주요 어휘와 표현이에요. 관계있는 것을 골라 문장을 완성해 보세요.

(1) 인심이 좋아서 ___④___ ① 생활할 때 돈이 적게 들어요.

(2) 소음이 심하면 _____ ② 밤에 길이 어두워서 무서워요.

(3) 가로등이 적으면 _____ ③ 시끄러운 소리 때문에 스트레스를 받아요.

(4) 물가가 저렴해서 _____ ④ 그 식당 아주머니는 항상 반찬을 많이 주세요.

2. 1의 밑줄 친 표현을 사용해 대화를 완성해 보세요.

상우 엘렌 씨의 고향은 어떤 곳이에요?

엘렌 작은 도시예요. 사는 사람도 적고 차도 많지 않아요. 그래서 (1) 소음이 심하지 ________ 않고 조용한 편이에요. 그런데 거리에 (2) ____________ 밤에 다닐 때는 조금 불편해요.

상우 그렇군요. 작은 도시면 대도시보다 (3) ____________ 생활비도 덜 들겠네요.

엘렌 네. 맞아요. 물가도 싼 편이에요. 그리고 사람들이 정이 많고 (4) ____________.

상우 그렇군요. 어떤 곳인지 한번 가 보고 싶네요.

3. 알맞은 것을 골라 글을 완성해 보세요.

공기가 맑다	거리가 환하다	사람들로 붐비다	고층 빌딩이 많다

드디어 한국 도착! 인천공항은 이제 막 한국에 도착한 사람들과 여행을 가려는 (1) 사람들로 붐볐다 ____. 인천공항 밖으로 나오니까 시원한 바람이 불었다. 방금 비가 그쳐서 (2) ____________ 하늘도 파랬다. 숙소까지는 지하철을 타고 왔다. 지하철역에서 나오니까 벌써 밤이었다. 숙소 주변에는 20층이 넘는 (3) ____________. 그리고 가게와 건물에서 나오는 불빛들로 낮처럼 (4) ____________. 그래서 숙소도 금방 찾을 수 있었다.

여행지의 특징

p.142

1. 알맞은 것을 골라 밑줄 친 부분을 바꿔 보세요.

위치하다	중심지이다	옛 모습을 보존하다

Q. 제가 이번에 서울로 여행을 가는데요. 좋은 곳이 있으면 추천해 주세요.

└ seoul** 서울역 근처에 있는 남대문시장에 가 보세요. 맛있는 길거리 음식이 아주 많아요.

⇨ (1) 위치한

└ tour** 서울 하면 명동이죠. 명동은 쇼핑과 문화의 중심이 되는 곳이라 다양한 가게와 문화 시설이 있어요.

⇨ (2) ______________

└ maeil** 전통적인 곳을 좋아하시면 남산골한옥마을을 추천합니다! 이곳은 과거 모습을 그대로 가지고 있는 곳이라서 옛 한국의 분위기를 느낄 수 있어요. ⇨ (3) ______________

2. 밑줄 친 부분은 주요 어휘와 표현이에요. 관계있는 것을 연결해 대화를 완성해 보세요.

(1) "경주에는 정말 유적지가 많네요. 도시 전체가 박물관 같아요." • ········ • ① "역사가 깊은 도시거든요."

(2) "한국의 고궁은 건물이 주변의 산과 아주 잘 어울려서 아름다워요." • • ② "그곳은 항상 활기가 넘치는 것 같아요."

(3) "전통 시장에서는 물건을 파는 사람과 구경하는 사람들이 많아서 활발한 분위기를 느낄 수 있어요." • • ③ "고궁을 지을 때 자연과 조화를 이루는 것을 중요하게 생각했기 때문이에요."

3. 2의 밑줄 친 표현을 사용해 대화를 완성해 보세요.

안나 진영 씨는 경복궁 근처에 자주 가는 것 같아요.

진영 거기에 가면 다양한 분위기를 느낄 수 있거든요. 옛날의 모습과 현대적 모습, 도시와 자연을 모두 느낄 수 있어서 산책하러 자주 가요.

안나 그래요? 저도 거기 가끔 가는데 항상 여행하는 사람이 많아서 그냥 (1) 활기가 넘치는 곳이라고만 생각했어요.

진영 거리 안쪽으로 들어가면 곳곳에 100년 전쯤에 지은 (2) ______________ 한옥들이 있어서 옛 모습을 느낄 수 있어요. 그리고 뒤에 높은 산이 있는데 건물들이 (3) ______________ 모습도 아주 아름다워요.

문법 ❶ A/V-았/었었-

pp.131~132

1. 그림을 보고 문장을 완성해 보세요.

(1) 

그 식당이 처음 생겼을 때는 손님이 적었었는데 지금은 손님이 많아요.

(2) 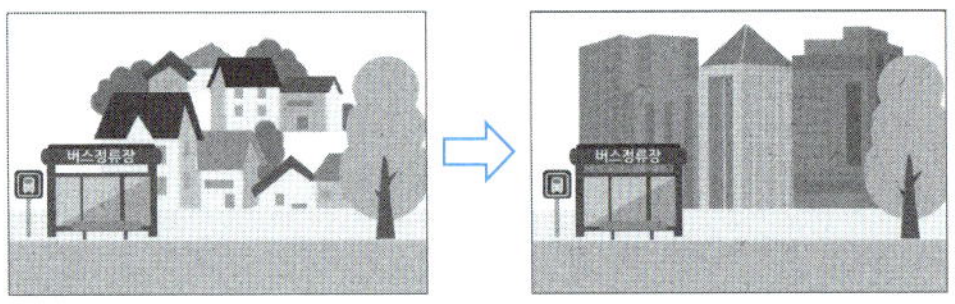

10년 전에는 이 주변에 높은 건물이 ______________ 지금은 고층 빌딩만 있어요.

(3) 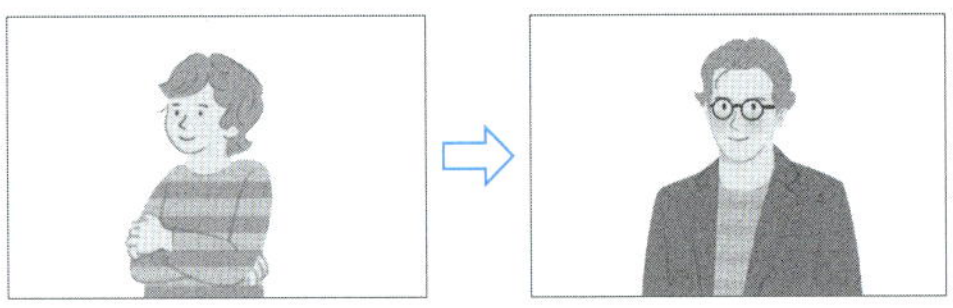

어렸을 때는 안경을 안 ______________ 고등학교 때부터 눈이 나빠져서 안경을 쓰기 시작했어요.

(4) 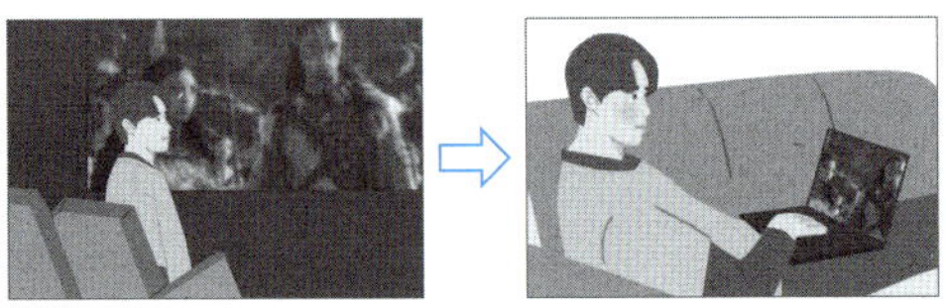

요즘은 보통 집에서 컴퓨터로 영화를 보지만 예전에는 자주 영화관에 가서 영화를 ______________.

2. 알맞은 것을 골라 대화를 완성해 보세요.

살다	좋다	마시다	내성적이다

(1) A 유나 씨는 제주도를 잘 아네요. 제주도에서 산 적이 있어요?
B 네. 중학교 때까지 제주도에서 살았었어요.

(2) A 마테오 씨는 성격이 참 활발하네요. 어렸을 때부터 활발한 편이었어요?
B 아니요. 지금은 활발한 편이지만 어렸을 때는 ______________.

(3) A 뉴스에서 들었는데 요즘 도시에서는 이웃하고 서로 돕고 지내는 사람이 많지 않대요.
B 저도 들었어요. 예전에는 인심이 ______________ 사회가 점점 변하는 것 같아요.

(4) A 진차오 씨는 커피를 좋아하는 것 같아요. 항상 커피를 마시네요.
B 네. 좋아해요. 한국에 오기 전에는 커피를 안 ______________ 이제는 커피 없이는 못 살겠어요.

문법 ❷ A/V-(으)ㄴ/는 반면(에)

pp.133~134

1. 다음을 보고 글을 완성해 보세요.

장점	도시 생활	시골 생활
(1) 대중교통이 편리해서 이동하기가 쉬워요.	☺	☹
(2) 편의 시설, 문화 시설이 많아서 편리해요.	☺	☹
(3) 집세와 물가가 저렴해서 생활비가 적게 들어요.	☹	☺
(4) 아름다운 자연 속에서 여유를 가지고 생활할 수 있어요.	☹	☺

도시 생활과 시골 생활은 각각 장단점이 있다. 먼저 도시는 대중교통이 편리해서 이동하기가 (1) 쉬운 반면(에) 출퇴근 시간에 길이 막히고 사람들로 붐빈다. 또한 편의 시설이나 문화 시설이 많아서 (2) ____________ 집세와 물가가 비싸서 생활비가 많이 든다. 이와 달리 시골 생활은 집세와 물가가 저렴해서 생활비가 적게 (3) ____________ 편의 시설이 부족해서 불편한 점이 있다. 그리고 아름다운 자연 속에서 여유를 가지고 생활할 수 (4) ____________ 대중교통이 별로 없어서 이동하기가 불편하다.

2. 대화를 완성해 보세요.

A 혼자 살아 보니까 어때요?

(1) B 집안일을 혼자 다 해야 하는 반면(에) 하고 싶을 때 하면 되니까 편해요. (해야 하다)

(2) B 원하는 것을 다 할 수 있어서 ____________ 대화할 사람이 없어서 심심해요. (자유롭다)

A 한국과 비교해서 영국의 여름 날씨는 어때요?

(3) B 둘 다 덥지만 한국은 ____________ 영국은 건조한 편이에요. (습하다)

(4) B 한국은 7월에 비가 많이 ____________ 영국은 비가 적게 내리는 편이에요. (오다)

문법 ❸ A/V-던

1. 알맞은 것을 골라 대화를 완성해 보세요.

놀다	다니다	유행하다	재미있다

위칭 여기가 어디예요?

진영 제가 (1) 다니던 초등학교 교실이에요.

위칭 이게 진영 씨죠? 이런 옷을 입고 다녔어요?

진영 네. 초등학교 때 (2) ____________ 옷이었거든요.

위칭 이건 뭐예요?

진영 제 친구가 그때 자주 가지고 (3) ____________ 장난감이에요.

위칭 이 사람은 누구예요?

진영 초등학교 때 제일 말이 많고 (4) ____________ 친구예요.

2. 알맞은 것을 골라 ◯표 해 보세요.

(1) A 내가 (먹은, 먹는, 먹던) 과자 못 봤어? 아침에 먹다가 식탁 위에 놓았는데.

B 어? 다 먹은 거 아니었어? 얼마 안 남아서 버렸어. 미안.

(2) A 유나 씨는 책을 자주 읽죠? 주로 어떤 책을 읽어요?

B 책은 다 좋아해요. 그런데 그중에서 자주 (읽은, 읽는, 읽던) 책은 소설이에요.

(3) A 그 드라마 봤어요? 어제 끝났죠?

B 네. 봤어요. 그동안 재미있게 (볼, 보는, 보던) 드라마가 끝나서 너무 아쉬워요.

(4) A 오늘 날씨가 정말 춥네요. 아직 가을인데 벌써 겨울이 온 것 같아요.

B 그러니까요. 어렸을 때는 (추운, 추울, 춥던) 날씨가 좋았는데 이제는 날씨가 추우면 힘들어요.

문법 ❹ A/V-(으)ㄹ 뿐(만) 아니라

pp.143~144

1. 다음을 보고 문장을 완성해 보세요.

> **원룸(월세)**
>
> **1,000만 원 / 월 70만 원**
>
> (1) 학교에서 3분 거리로 가깝습니다.
> 근처에 버스 정류장이 있습니다.
> (2) 방에 TV, 세탁기, 냉장고, 에어컨이 있습니다.
> (3) 큰 도로 옆에 위치하고 있고 근처에 경찰서가 있어서 안전합니다.
> (4) 새로 지은 건물이고 바로 이사 가능합니다.
>
> 010-1234-5678

(1) 이 방은 학교에서 가까울 뿐(만) 아니라 교통도 편리합니다.

(2) 방에 TV, 세탁기, __________ 에어컨도 있습니다.

(3) 큰 도로 옆에 __________ 근처에 경찰서가 있어서 안전합니다.

(4) 새로 지은 __________ 지금 살고 있는 사람이 없어서 바로 이사할 수 있습니다.

2. 그림을 보고 대화를 완성해 보세요.

(1)  + 

A 올리버 씨, 지금 다니는 회사는 어때요?

B 월급을 많이 줄 뿐(만) 아니라 일도 저하고 잘 맞아서 좋아요.

(2) 

+ 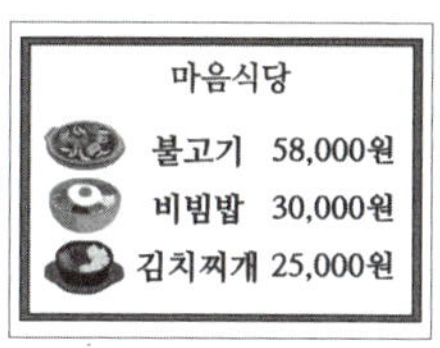

A 이 식당은 생긴 지 얼마 안 됐는데 벌써 문을 닫았네요.

B 음식이 __________ 값도 비싸서 손님이 별로 없었거든요.

(3)  + 

A 사람들이 왜 이 카페에 자주 가요?

B 분위기가 __________ 커피와 케이크가 맛있어서 그런 것 같아요.

(4)  + 

A 이 공원은 왜 이렇게 인기가 많은 거예요?

B 여기에서 유명한 드라마를 __________ 사진도 예쁘게 나와서 그렇대요.

⊕ 더 알아보기 A/V-(으)ㄴ/는 덕분에

p.141

1. 관계있는 것을 연결하고 문장을 만들어 보세요.

(1) 회의가 일찍 끝났다 •

(2) 그 식당이 일찍 문을 열다 •

(3) 지나가던 사람이 알려 줬다 •

(4) 아침마다 한국 뉴스를 들었다 •

(5) 올해는 날씨가 많이 덥지 않다 •

• ① 듣기 실력이 좋아졌다

• ② 길을 잘 찾을 수 있었다

• ③ 여름을 건강하게 보냈다

• ④ 제시간에 퇴근할 수 있을 것 같다

• ⑤ 내가 매일 아침 식사를 할 수 있다

(1) 회의가 일찍 끝난 덕분에 제시간에 퇴근할 수 있을 것 같아요.

(2) 그 식당이 일찍 문을 ________________________________.

(3) 지나가던 사람이 ________________________________.

(4) 아침마다 한국 뉴스를 ________________________________.

(5) 올해는 날씨가 많이 ________________________________.

2. 알맞은 것을 골라 대화를 완성해 보세요.

성격	응원	풍경	친구들

(1) A 주말에 이사한다고 했었죠? 잘 했어요?
B 네. 친구들 덕분에 잘 끝났어요. 혼자 했으면 힘들었을 거예요.

(2) A 루이즈는 친구들에게 정말 인기가 많은 것 같아요.
B 맞아요. 밝은 ________________ 친구들이 루이즈를 좋아하는 것 같아요.

(3) A 와, 경치가 정말 아름답네요. 사람들이 왜 많이 오는지 알 것 같아요.
B 정말 예쁘네요. 아름다운 ________________ 요즘 이곳을 찾는 사람들이 많은 것 같아요.

(4) A 이번 올림픽에서 좋은 결과를 얻은 소감을 말씀해 주세요.
B 아주 기쁩니다. 가족과 친구들의 ________________ 이런 좋은 결과를 얻을 수 있었습니다.

듣고 쓰기

1. 진차오와 안나의 대화예요. 듣고 물음에 답해 보세요.

11

(1) 강릉에 대한 내용으로 알맞은 것을 골라 보세요.

① 

② 

③ 

(2) 다시 듣고 안나가 다샤에게 보내는 이메일을 써 보세요.

보내는 사람: 안나<anna@germail.com>
받는 사람: 다샤<dasha@rumail.com>
제목: 다샤에게

다샤, 방학 잘 보내고 있어? 나는 방학하자마자 강릉에 왔어. 강릉은 자연이 아름다운 도시라서 매일 예쁜 경치를 보면서 지내고 있어. 그런데 서울은 지하철이 있어서 ① ______________________ 여기는 그렇지 않아서 조금 불편해. 지난 주말에는 ② ______________________ 사람이 너무 많았어. 그래서 주로 붐비지 않는 평일에 다니고 있어. 여기는 사람들 인심도 좋아서 지내기 좋아. 너는 어떻게 지내고 있어? 이메일 받으면 너도 소식 전해 줘. 그럼 남은 방학 잘 보내.

2. 마테오와 유나의 대화예요. 듣고 물음에 답해 보세요.

12

(1) 대화 후에 유나가 할 행동으로 알맞은 것을 골라 보세요.

① 마테오에게 메시지를 보낼 거예요.

② 친구에게 경주에 가자고 할 거예요.

③ 경주의 숙소와 맛집을 예약할 거예요.

(2) 다시 듣고 들은 내용을 써 보세요.

경주는 한국에서 가장 역사가 깊은 도시 중 하나이다. 1400년쯤 전에 ① ______________________. 그래서 도시 곳곳에 역사적인 건물과 장소가 많다. 박물관에서는 옛날에 ② ______________________ 모습을 볼 수도 있다. 또한 호수 근처에 놀이공원과 미술관, 맛집이 있는데 유적지에서는 역사적인 경주의 ③ ______________________ 호수 근처에서는 현대적인 경주의 모습을 볼 수 있다. 그리고 바다에서는 환상적인 일출도 볼 수 있다.

말하기

1. 다음을 읽고 ⓐ, ⓑ에 들어갈 말로 알맞은 것을 골라 보세요.

기자　안녕하세요? 전원생활을 하기 전에 다른 일을 하셨다고 들었는데 무슨 일을 하셨습니까?

차승준　저는 서울에 있는 대기업에 다녔어요. 일은 재미있는 반면에 야근이 너무 많아서 힘들었어요.

기자　그렇군요. 그럼 전원생활을 하시게 된 계기는 무엇입니까?

차승준　바쁜 회사 생활 때문에 건강을 챙기지 못했어요. 어느 날 보니까 제가 약을 너무 많이 먹고 있는 거예요. 그렇게 계속 일하면 건강을 잃을 것 같아서 ____ⓐ____ 시골로 오게 됐어요.

기자　전원생활을 하게 된 후 뭐가 달라지셨습니까?

차승준　시간이 많아지니까 마음의 여유가 생겼어요. 그리고 밭에서 일하면서 몸을 움직이고 ____ⓑ____ 몸도 마음도 건강해졌죠. 전원생활에 아주 만족하고 있어요.

① ⓐ 하던 일을 잠깐 쉬려고　　ⓑ 일할 의욕이 없어진 덕분에

② ⓐ 다니던 직장을 그만두고　　ⓑ 직접 키운 채소를 먹은 덕분에

③ ⓐ 관심 있던 일을 하기 위해　　ⓑ 매일 맑은 공기를 마신 덕분에

2. 다음 물음에 답해 보세요.

(1) 유명한 곳을 말하는 표현으로 알맞은 것을 골라 보세요.　말하기 기능

A　야경을 보고 싶은데 어디가 좋을까요?

B　________________________________.

① 야경 하면 남산을 빼놓을 수 없죠　② 야경이 예쁜 곳 하면 남산은 아니죠　③ 서울에는 야경이 유명한 곳이 여러 곳 있어요

(2) 유명한 장소에서 할 수 있는 것에 다른 것을 추가하는 말로 알맞은 것을 골라 보세요.　말하기 기능

A　전주에 가면 한옥 마을을 볼 수 있어요?

B　네. ________________________________.

① 한옥 마을을 보는 대신에 한옥에서 묵을 수도 있어요　② 한옥 마을을 볼 수 있는 반면에 한옥에서 묵을 수도 있어요　③ 한옥 마을을 볼 수 있어요. 게다가 한옥에서 묵을 수도 있어요

(3) 친구의 연휴 계획을 듣고 유명한 곳을 말하고 그곳에서 할 수 있는 것과 다른 것도 추가해서 말하는 대화를 완성해 보세요. 그리고 말해 보세요.

위칭에게 연휴 계획을 묻고 쇼핑으로 유명한 곳을 추천하세요. 그곳에서 할 수 있는 것에 다른 것을 추가해서 말하세요. 그리고 쇼핑에 필요한 다른 정보도 알려 주세요.

연휴 때 친구가 여행을 오는데 쇼핑에 관심이 많아서 쇼핑을 하려고 해요. 진영에게 쇼핑으로 유명한 장소와 그곳에서 할 수 있는 것을 묻고 쇼핑에 필요한 다른 정보도 물어보세요.

1 **연휴 계획 답하기**

태국 | 친구 | 오다 + 서울 | 구경하다

진영 위칭 씨, 이번 연휴에 뭐 해요?

위칭 ① ____________________.

진영 와, 정말 재미있겠어요. 친구랑 서울 어디에 갈 거예요?

2 **유명한 곳에 대해 설명하기**

그중 | 고속터미널역 쇼핑몰 | 쇼핑하기 좋은 곳 | 유명하다

위칭 글쎄요. 친구가 쇼핑을 좋아해서 쇼핑을 할까 해요. 어디가 좋을까요?

진영 서울에는 쇼핑할 곳이 여러 곳 있는데요. ② ____________________. 거기에는 예쁜 옷 가게뿐만 아니라 액세서리 가게도 많아서 구경할 게 아주 많거든요.

3 **그곳에서 할 수 있는 것에 다른 것을 추가해서 답하기**

예쁜 카페 | **많다** + 한강 공원 | 가깝다 + 재미있는 시간 | 보내다

위칭 진영 씨 덕분에 좋은 곳을 알았네요. 그럼 고속터미널역에 가 볼게요. 거기에 가면 쇼핑 말고 다른 것도 할 수 있어요?

진영 그럼요. ③ ____________________.

4 **관광에 필요한 다른 정보 묻기**

고속터미널역 쇼핑몰 | 몇 시 | 쇼핑하다

위칭 그래요? 그런데 ④ ____________________?

진영 오전 10시부터 밤 10시까지 하는데 가게마다 조금씩 달라요.

읽고 쓰기

1. 다음을 읽고 물음에 답해 보세요.

올여름 휴가는 어디로?

'한국인과 외국인이 모두 추천하는 한국의 여행지' BEST 2

아름다운 바닷가 하면 부산!
활기 넘치는 부산에서 시원한 여름을!

한국 제2의 도시로 불리는 대도시 부산은 한국 남동쪽의 바닷가에 위치해 있다. 산이 많을 뿐만 아니라 아름다운 해변도 많아서 해변에서 서핑을 하거나 해수욕을 즐기는 사람이 많다. 이렇게 부산에서는 자연을 즐길 수 있는 반면에 고층 빌딩도 많아서 현대적이고 활기가 넘치는 분위기도 느낄 수 있다.

- 꼭 먹어 봐야 할 음식
  해산물, 길거리 음식(호떡, 어묵 등)
- 꼭 가야 할 곳
  해운대, 자갈치시장
- 축제
  불꽃축제, 바다축제, 부산국제영화제

한국의 옛 문화를 즐기고 싶으면
전통문화의 도시, 전주로!

전주는 바다에서 멀리 떨어져 있는 작은 도시지만 전통적이고 여유 있는 분위기를 가지고 있어 여행하러 가는 사람들이 많다. 전통문화를 잘 보존하고 있어서 한옥 마을 등 역사적인 유적지에서 한국의 옛 모습을 볼 수 있을 뿐만 아니라 한복, 차, 전통 액세서리 등 한국의 전통문화도 체험해 볼 수 있다.

- 꼭 먹어 봐야 할 음식
  전주비빔밥, 한정식
- 꼭 가야 할 곳
  한옥 마을, 전주남부시장
- 축제
  전통음악축제, 전주국제영화제

(1) 두 도시의 차이점으로 알맞은 것을 골라 보세요. 읽기 전략

① 부산은 작은 도시지만 전주는 대도시다.

② 부산은 한국인이, 전주는 외국인이 추천하는 여행지다.

③ 부산은 바닷가에 위치한 반면 전주는 바다에서 멀리 떨어져 있다.

2. 다시 읽고 물음에 답해 보세요.

(1) 이 글은 무엇에 대한 글인지 골라 보세요.

① 여행지를 소개하는 글

② 여행 상품을 광고하는 글

③ 여행지의 장단점을 비교하는 글

(2) 부산에 대한 내용으로 맞지 않는 것을 골라 보세요.

①  ②  ③ 

(3) 전주에 대한 내용으로 맞지 않는 것을 골라 보세요.

① 전통과 현대가 조화를 이루고 있는 도시이다.
② 한복을 입어 보거나 전통 차를 마셔 볼 수 있다.
③ 한국의 전통문화와 관련된 축제를 즐길 수 있다.

3. 1을 바탕으로 부산과 전주를 비교하는 글을 써 보세요.

부산과 전주

두 도시 소개

한국에는 여러 도시가 있지만 그중 부산과 전주는 독특한 매력을 가지고 있는 한국의 대표적인 도시다. 사회, 경제, 문화, 교통 등 다양한 면에서 중요한 도시인 부산과 전주는 공통점도 있고 차이점도 있다.

두 도시의 공통점

부산과 전주는 도시 곳곳에 구경할 곳이 많아서 한국인뿐만 아니라 외국인들도 즐겨 찾는 유명한 여행지이다. 두 도시 모두 음식과 축제가 유명하다.

두 도시의 차이점

반면에 부산과 전주는 다른 점도 있다. 위치와 분위기, 할 수 있는 활동이 다르다.

공통점과 차이점 정리

두 도시는 많은 사람들에게 사랑받는 한국의 대표적인 도시다. 활기 넘치는 도시 부산과 전통의 도시 전주는 이렇게 다른 모습으로 한국의 매력을 보여 준다.

부록

문법 설명

듣기 지문 및 정답

문법 설명

1단원 새 학기, 새로운 시작

1. V-는 중이다

의미

▶ **동사와 함께 쓰여 어떤 일이 진행되고 있음을 나타낼 때 사용돼요.**

예
- A 지금 뭐 해요?
  B 책을 읽**는 중이에요**.
- A 아까 왜 전화를 안 받았어요?
  B 미안해요. 운동하**는 중이었어요**.
- A 학생들이 시험을 보**는 중이니까** 조용히 해 주세요.
  B 아, 네. 죄송합니다.
- A 지금 뭐 하고 있어?
  B 케이크를 만드**는 중이야**. 왜?

유의

◆ **명사와 함께 쓸 때는 'N 중이다'로 사용돼요.**

예
- 지하철 공사 중입니다.
- 수업 중이라서 통화할 수 없어요.

2. V-자마자

의미

▶ **동사와 함께 쓰여 앞의 동작이 일어난 후 바로 다음 사건이나 동작이 일어남을 나타낼 때 사용돼요.**

예
- A 오늘 시험 결과가 나와요.
  B 그럼 결과를 듣**자마자** 저에게도 알려 주세요.
- A 집에 도착하**자마자** 연락 주세요.
  B 네. 그렇게 할게요.
- A 보통 아침에 일어나면 뭐 해요?
  B 아침에 일어나**자마자** 물을 마셔요.
- A 보고서는 제출했어요?
  B 네. 보고서를 다 만들**자마자** 바로 보냈어요.

유의

◆ **'곧', '바로'와 같은 부사와 함께 자주 사용돼요.**

예
- 블루진스의 앨범이 나오자마자 곧 다 팔렸어요.
- 유나는 전화를 받자마자 바로 밖으로 나갔어요.

◆ **'-았/었-', '-겠-'과 함께 사용할 수 없어요.**

예
- 일이 끝났자마자 친구를 만나러 갔어요. (×)
- 숙제를 하겠자마자 게임을 할 거예요. (×)

3. A/V-거든요

의미

▶ **형용사, 동사, '이다'와 함께 쓰여 앞의 내용에 대한 이유나 사실 등을 당연한 것처럼 말할 때 사용돼요.**

예
- A 왜 이렇게 일찍 일어났어요?
  B 오늘 발표가 있어서요. 준비할 게 많**거든요**.
- A 방학 때 뭐 할 거예요?
  B 제주도로 여행 가려고요. 친구가 제주도에 살**거든요**.
- A 지금 어디에 가요?
  B 공항에 가요. 동생이 한국에 놀러 오**거든요**.
- A 룸메이트가 중국어를 잘하네요.
  B 네. 남자 친구가 중국 사람이**거든요**.

유의

◆ **주로 구어에서 사용돼요.**

예
- A 오늘 기분이 좋네요?
  B 네. 오늘이 제 생일이거든요.
- A 토요일 모임에 왜 못 와요?
  B 친구들과 같이 여행을 갈 거거든요.

◆ **말하는 사람이 앞에서 한 말의 이유를 말하거나 다른 사람의 질문에 대답할 때 사용돼요.**

예
- 위칭은 오늘 학교에 못 와요. 배탈이 났거든요.

- A 조슈아 씨, 왜 그렇게 피곤해 보여요?
  B 요즘 일이 많아서 너무 바쁘거든요.

◆ **'-겠-'과 함께 사용할 수 없어요.**

예 • 내일 일찍 일어나겠거든요. (×)

- 토요일에 콘서트에 가겠거든요. (×)

4. V-기 위해(서)

의미

▶ **동사와 같이 쓰여 앞의 행위가 뒤의 상황이나 행동이 발생하게 된 목적이나 의도가 됨을 나타낼 때 사용돼요.**

예 • A 수업 후에 어디 가요?
  B 비자를 받**기 위해서** 출입국·외국인청에 가려고요.

- A 한국어를 왜 공부합니까?
  B 한국 회사에 취직하**기 위해서** 공부합니다.

- A 주말에 뭐 해요?
  B 환경을 지키**기 위해** 쓰레기 줍는 봉사 활동을 하러 가요.

- A 오늘 왜 이렇게 일찍 일어났어요?
  B 학교에 늦지 않**기 위해** 일찍 일어났어요.

유의

◆ **앞 절과 뒤 절의 주어가 같아야 하고 주로 뒤 절의 주어는 생략돼요.**

예 • 저는 아침에 운동하기 위해서 일찍 일어나요. (○)
  저는 아침에 운동하기 위해서 동생은 일찍 일어나요. (×)

◆ **'-았/었-', '-겠-'과 함께 사용할 수 없어요.**

예 • 저는 친구 선물을 샀기 위해서 백화점에 갔어요. (×)
  저는 친구 선물을 사겠기 위해서 백화점에 갈 거예요. (×)

◆ **명사와 함께 쓸 때는 'N을 위해(서)'로 사용돼요.**

예 • 엄마는 가족을 위해서 매일 요리를 하세요.

- 쇼타는 건강을 위해 스포츠 센터에서 운동을 해요.

◆ **'-기 위해(서)'와 '-(으)려고'는 모두 의도나 목적을 나타낼 때 사용해요. 그런데 '-기 위해(서)'는 뒤 절에 청유문이나 명령문을 사용하는 반면에 '-(으)려고'는 뒤 절에 명령문이나 청유문을 사용할 수 없어요.**

예
- 시험을 잘 보기 위해서 열심히 공부합시다. (○)
  시험을 잘 보려고 열심히 공부합시다. (×)
- 취업에 성공하기 위해 열심히 준비하세요. (○)
  취업에 성공하려고 열심히 준비하세요. (×)

5. N에 대해(서), N에 대한

의미

▶ **명사와 함께 쓰여 앞의 내용을 대상으로 해서 뒤의 상황이나 행동이 이루어짐을 나타낼 때 사용돼요. 뒤에 명사가 올 때는 '에 대한+N'으로 사용돼요.**

예
- A 무엇**에 대해서** 발표할 거예요?
  B 한국 음식**에 대해서** 발표할 거예요.
- A 이번 영화는 어떤 내용입니까?
  B 남녀의 사랑**에 대한** 내용입니다.
- A 한국 문화**에 대해** 더 알아보고 싶어요.
  B 그러면 이 책을 보세요.
- A 어제 수업 시간에 무슨 이야기를 했어요?
  B 한국의 취업 문제**에 대한** 이야기를 했어요.

유의

◆ **'에 대해(서)'는 '에 관해(서)'로, '에 대한'은 '에 관한'으로 바꿔 쓸 수 있어요.**

예
- 저는 한국 역사에 대해서 잘 몰라요.
  = 저는 한국 역사에 관해서 잘 몰라요.
- 수업 시간에 각 나라의 문화에 대한 이야기를 했어요.
  = 수업 시간에 각 나라의 문화에 관한 이야기를 했어요.

2 단원 성격과 외모

1. A/V-(으)ㄴ/는 편이다

의미

▶ **형용사, 동사, '이다'와 함께 쓰여 어떤 사실에 대해 그것이 대체로 어떤 쪽에 가깝다고 평가할 때 사용돼요.**

예
- A 오늘은 날씨가 그렇게 춥지 않네요?
  B 네. 오늘은 따뜻한 **편이에요**.
- A 엘렌 씨는 무슨 책을 좋아해요?
  B 책은 다 좋아하는데 소설책을 주로 읽**는 편이에요**.
- A 여행 가방이 크네요. 좀 들어 드릴까요?
  B 가방이 보기보다 가벼운 **편이라서** 괜찮아요.
- A 조슈아 씨의 장점은 무엇입니까?
  B 저는 성격이 긍정적인 **편입니다**.

유의

◆ **과거의 상황은 동사에 '-(으)ㄴ 편이다'로 사용돼요.**

예
- 오늘은 평소보다 아침을 일찍 먹은 편이에요.
- 듣기 시험은 잘 본 편인데 말하기 시험은 못 봤어요.

2. A/V-(ㄴ/는)다

의미

▶ **형용사, 동사, '이다'와 함께 쓰여 사실이나 행동을 서술하면서 문장을 끝맺을 때 사용돼요.**

예
- A 여기 경치 좋**다**. 그렇지?
  B 응. 경치가 정말 멋있**다**.
- A 사람들이 저기에서 사진 찍**는다**. 무슨 일일까?
  B 아, 거리에서 공연한**다**. 가 보자.
- A 이 가게는 언제 문을 열지?
  B 여기 안내문이 있어. 10시에 연**다**.
- A 와, 드디어 일이 끝났어.
  B 이제 주말이**다**. 주말 잘 보내!

유의

◆ **듣는 사람이 말하는 사람보다 아랫사람이거나 친한 사이에서 사용돼요.**

예 • A 유미야, 엄마 지금 나갈 거다. 너는 집에 있을 거지?
B 네. 잘 다녀오세요.

• A 나 영화 〈사랑과 우정〉 봤는데 진짜 재미있었다.
B 그래? 좋았겠다. 나도 보고 싶다.

◆ **혼잣말할 때도 사용할 수 있어요.**

예 • 오늘 날씨 참 덥다.

• 드디어 대학교에 입학한다. 너무 기쁘다.

3. A/V-잖아요

의미

▶ **형용사, 동사, '이다'와 함께 쓰여 말하는 사람이 듣는 사람에게 어떤 상황을 확인시키거나 정정해 주는 것처럼 말할 때 사용돼요.**

예 • A 세계여행을 할 때 뭐가 제일 좋았어요?
B 나라마다 문화가 다르**잖아요**. 다양한 문화를 경험하는 게 가장 좋았어요.

• A 루이즈 씨, 집이 학교에서 가깝죠?
B 그럼요. 기숙사에 살**잖아요**.

• A 안나가 여기까지 혼자 올 수 있을까요?
B 그럼요. 안나가 길을 잘 찾**잖아요**.

• A 조슈아는 영어를 잘하는 것 같아요.
B 미국 사람이**잖아요**.

유의

◆ **'-겠-'과 함께 사용할 수 없어요.**

예 • 매일 야근하면 피곤하겠잖아요. (×)

• 저는 저녁에 빵을 만들겠잖아요. (×)

◆ **주로 구어에서 사용돼요.**

예 • A 지금 뭐 해요?
B 단어 공부요. 내일 단어 시험이 있잖아요.

• A 한국 친구의 말을 잘 이해하기 힘들어요.
  B 한국에 온 지 얼마 안 됐잖아요. 앞으로 괜찮아질 거예요.

◆ **듣는 사람이 이미 알고 있을 것으로 예상할 때 사용돼요.**

예 • A 위칭 씨, 어디 가요? 여기가 우리 교실이잖아요.
  B 네. 알아요. 잠깐 옆 반 친구를 만나려고요.

• A 한국어 공부가 너무 어렵고 힘들어요.
  B 진차오 씨는 내년에 대학교에 갈 거잖아요. 그러니까 열심히 하세요.

4. A-아/어 보이다

의미

▶ **형용사와 함께 쓰여 어떤 대상을 보고 짐작하거나 판단한 것을 표현할 때 사용돼요.**

예 • A 저 치마를 사면 어때요?
  B 좀 길**어 보여요**. 다른 걸 더 볼래요.

• A 길이 복잡해서 길을 잘 못 찾겠어요.
  B 저 사람이 친절**해 보이는데** 저 사람한테 물어봐요.

• A 올리버는 어디 갔어요?
  B 약을 사러 갔어요. 좀 아**파 보였어요**.

• A 이 두 가방 중에 어떤 게 좋을까요?
  B 저는 초록색이 더 나**아 보여요**.

유의

◆ **일부 형용사는 큰 의미 차이 없이 '-게 보이다'로 바꿔 쓸 수 있어요.**

예 • 루이즈는 아름다워 보이는 바다에 도착했다.
  = 루이즈는 아름답게 보이는 바다에 도착했다.

5. N 말고

의미

▶ **명사와 함께 쓰여 앞의 대상을 제외하거나 부정함을 나타낼 때 사용돼요.**

예 • A 영화 보러 갈래요? 이번 주에 언제 시간 돼요?
  B 이번 주는 오늘 **말고** 다 괜찮아요.

• A 휴가 때 어디 갈까? 제주도 어때?
  B 휴가가 짧아서 제주도 **말고** 부산이 낫겠어.

- A 저는 고양이를 꼭 키워 보고 싶어요.
  B 그래요? 우리 고양이 **말고** 강아지를 키우는 건 어때요?
- A 나 차가운 커피 마실래.
  B 넌 감기 걸렸으니까 차가운 거 **말고** 따뜻한 거 마셔.

유의

◆ **'말다'는 어떤 일이나 행동을 하지 않거나 그만둔다는 의미를 표현할 때 사용돼요.**

예
- 우리 아직 일어나지 않은 일에 대해서 미리 걱정하지 말자.
- 다른 일 할 생각 말고 지금 하는 일을 열심히 하세요.

6. A/V-(ㄴ/는)다

의미

▶ **형용사, 동사, '이다'와 함께 쓰여 사실이나 행위를 서술하면서 문장을 끝맺을 때 사용돼요. 글을 쓸 때 사용돼요.**

예
- 내 친구 유나는 눈이 동그랗고 크**다**. 웃을 때 정말 귀엽**다**.
- 오늘은 아침부터 비가 많이 내린**다**. 그리고 바람도 분**다**.
- 엘렌은 자기에게 어울리는 옷을 잘 입**는다**. 그리고 친구에게도 옷을 잘 골라 준**다**.
- 내일은 우리 반 친구의 생일이**다**. 그래서 반 친구들과 생일 파티를 할 것이**다**.

유의

◆ **주로 신문 기사나 객관적인 글을 쓸 때 사용돼요.**

예
- 설날 연휴 동안에는 많은 사람들이 고향에 간다.
- 이번 달에 여러 케이팝 가수들이 콘서트를 연다.

3 단원 여가 활동

1. V-고 나다

의미

▶ **동사와 함께 쓰여 앞의 행동을 끝내고 뒤의 행동을 하거나 어떤 다른 상황이 이루어짐을 나타낼 때 사용돼요. 주로 '-고 나서', '-고 나면' 등으로 사용돼요.**

예
- A 엘렌 씨는 이를 먼저 닦아요? 아니면 세수를 먼저 해요?
  B 저는 이를 닦**고 나서** 세수해요.
- A 오늘 수업 후에 영화 보러 갈래요?
  B 숙제부터 먼저 해야 돼요. 숙제를 하**고 나서** 가요.
- A 이번 주에 일이 너무 많아서 힘들었어요.
  B 그렇군요. 주말에 잠을 푹 자**고 나면** 괜찮아질 거예요.
- A 이 수학 문제를 풀면 다른 문제도 쉽게 풀 수 있을까요?
  B 네. 이 문제를 풀**고 나면** 다른 문제도 쉽게 풀 수 있을 거예요.

유의

◆ **'-고 나서'는 '-(으)ㄴ 후에'나 '-(으)ㄴ 다음에'로 바꿔 쓸 수 있어요.**

예
- 운동하고 나서 샤워했어요.
  = 운동한 후에 샤워했어요.
  = 운동한 다음에 샤워했어요.
- 약을 먹고 나서 잘 거예요.
  = 약을 먹은 후에 잘 거예요.
  = 약을 먹은 다음에 잘 거예요.

◆ **'-았/었-', '-겠-'과 함께 사용할 수 없어요.**

- 저는 불고기를 만들었고 나서 먹었어요. (×)
- 시간이 지나겠고 나면 그 일은 잊게 될 거예요. (×)

2. V-(으)니까 (발견)

의미

▶ **동사와 함께 쓰여 앞의 행동을 경험한 후 뒤의 사실을 새롭게 알게 되었음을 나타낼 때 사용돼요.**

예
- A 진차오 씨, 지금 전화 온 거 아니었어요?
  B 맞아요. 그런데 전화를 받**으니까** 잘못 건 전화여서 끊었어요.
- A 유나 씨, 어제 모임이 늦게 끝났는데 집에 잘 들어갔어요?
  B 네. 그런데 지하철역에 도착하**니까** 마지막 열차가 막 떠나서 택시를 타고 집에 갔어요.
- A 다샤 씨, 왜 이렇게 옷을 많이 샀어요?
  B 백화점에 가**니까** 세일을 해서요.
- A 콘서트에 갔어요? 어땠어요?
  B 가수의 노래를 직접 들**으니까** 집에서 들을 때보다 훨씬 좋았어요.

유의

◆ **'-았/었-', '-겠-'과 함께 사용할 수 없어요.**

예
- 어제 명동에 갔으니까 사람이 많았어요. (×)
- 내일 삼계탕을 먹겠으니까 아마 맛이 없어요. (×)

◆ **'-아/어 보다'와 같이 사용해 '-아/어 보니까'로 자주 사용돼요.**

예
- 신발이 예뻐서 샀는데 신어 보니까 생각보다 불편했어요.
- 제가 아르바이트를 해 보니까 돈을 버는 게 쉽지 않았어요.

3. V-(으)려면

의미

▶ **동사와 함께 쓰여 어떤 행동을 할 의도나 의향이 있는 경우를 가정할 때 사용돼요.**

예
- A 운동하기 전에 준비 운동을 꼭 해야 돼요?
  B 네. 다치지 않**으려면** 준비 운동을 꼭 하세요.
- A 서울역에 가**려면** 몇 번 버스를 타면 돼요?
  B 학교 앞 버스 정류장에서 750번 버스를 타세요.

- A 부산을 여행하**려면** 돈이 얼마나 들까요?
  B 글쎄요. 얼마 동안 여행하고 싶은데요?
- A 노트북을 좋은 가격에 팔고 싶은데 아는 곳이 있어요?
  B 노트북을 좋은 가격에 팔**려면** 이 사이트에 한번 들어가 보세요.

유의

◆ **뒤 절에는 '-(으)세요'나 '-아/어야 돼요' 등이 주로 함께 사용돼요.**

예
- 선생님을 만나려면 사무실로 가세요.
- 외국인 등록증을 만들려면 출입국·외국인청에 가야 돼요.

◆ **'-(으)려면'은 어떤 의도나 의향이 있는 경우를 가정할 때 사용되지만 '-(으)면'은 확실하지 않거나 아직 이루어지지 않은 사실을 가정할 때 사용돼요.**

예
- 이번에 장학금을 받으려면 정말 열심히 공부해야 돼요.
- 약속 시간에 늦지 않으려면 지하철을 타는 게 좋겠어요.
- 네가 그 일을 못 하겠으면 내가 할게.
- 감기가 나으면 놀이공원에 놀러 가요.

4. A/V-았/었으면 좋겠다

의미

▶ **형용사, 동사, '이다'와 같이 쓰여 이루고 싶은 소원이나 희망, 바람을 말할 때 사용돼요.**

예
- A 루이즈 씨는 생일 선물로 뭘 받고 싶어요?
  B 저는 예쁜 원피스를 선물로 받**았으면 좋겠어요**.
- A 올리버 씨는 키가 정말 크네요.
  B 아니에요. 저는 제 키가 더 **컸으면 좋겠어요**.
- A 올해 겨울은 많이 추울까요?
  B 글쎄요. 올해 겨울은 좀 덜 추**웠으면 좋겠어요**.
- A 가수 김지훈 정말 멋있죠?
  B 네. 김지훈이 제 친구**였으면 좋겠어요**.

유의

◆ **'-았/었으면 하다'나 '-았/었으면 싶다'로 바꿔 쓸 수 있어요.**

예
- 이번 시험은 꼭 붙었으면 좋겠어요.
  = 이번 시험은 꼭 붙었으면 해요.

= 이번 시험은 꼭 붙었으면 싶어요.

- 오늘은 몸이 안 좋아서 일찍 퇴근했으면 좋겠습니다.

= 오늘은 몸이 안 좋아서 일찍 퇴근했으면 합니다.

= 오늘은 몸이 안 좋아서 일찍 퇴근했으면 싶습니다.

5. A/V-(으)ㄴ/는지

의미

▶ **형용사, 동사, '이다'와 함께 쓰여 확실하지 않은 의문의 내용을 말할 때 사용돼요.**

예
- A 엘렌 씨, 두 옷 중에서 어떤 게 좋**은지** 말해 주세요.
  B 저는 흰색 원피스가 더 예쁜 것 같아요.
- A 수업이 몇 시에 시작하**는지** 알아요?
  B 네. 오전 9시 10분에 시작해요.
- A 아직도 마테오가 안 왔어?
  B 응. 퇴근 시간이라서 길이 많이 막히**는지** 아직 안 왔어. 한번 전화해 볼게.
- A 이 책은 누구 거예요?
  B 저도 누구의 책인**지** 모르겠어요.

유의

◆ **'누구, 언제, 어디, 무엇, 어떻게, 왜' 등과 같은 의문사와 주로 사용돼요.**

예
- 위칭이 누구와 친한지 알아?
- 김치는 무엇으로 만들었는지 잘 모르겠어요.

◆ **주로 뒤에 '알다, 모르다' 등과 함께 사용돼요.**

예
- 학교에서 인천공항까지 어떻게 가는지 알아요?
- 서울에서 제주도까지 비행기 값이 얼마인지 모르겠어요.

◆ **'-겠-'과 함께 사용할 수 없어요.**

예
- 학교 앞에 왜 사람이 많겠는지 알아요? (×)
- 올리버에게 내일 몇 시에 오겠는지 물어볼게요. (×)

4 단원 소식과 정보

1. V-(으)면서

의미

▶ **동사와 함께 쓰여 한 사람이 둘 이상의 행동을 동시에 함을 나타낼 때 사용돼요.**

예
- A 제가 좀 늦었죠? 미안해요.
  B 괜찮아요. 책을 읽**으면서** 기다렸어요.
- A 동생이 대학교를 다니**면서** 일도 해요?
  B 네. 대학생인데 돈도 벌어요.
- A 영화 보기 전에 팝콘을 살까요?
  B 좋아요. 영화 보**면서** 팝콘을 먹어요.
- A 제 핫도그가 길에 떨어졌어요.
  B 길을 걸**으면서** 음식을 먹지 마세요.

유의

◆ **앞 절과 뒤 절의 주어가 같아야 돼요.**

예
- 저는 아침을 먹으면서 뉴스를 봐요. (○)
  저는 아침을 먹으면서 동생은 뉴스를 봐요. (×)

◆ **사물이 주어일 경우 앞 절과 뒤 절의 주어가 달라도 돼요.**

예
- 바람이 불면서 비가 내렸어요.
- 상자의 버튼을 누르자마자 불이 켜지면서 노래가 나왔어요.

2. V-는 대신(에) (대체)

의미

▶ **동사와 함께 쓰여 앞의 행동을 하지 않고 다른 행동으로 대체함을 나타낼 때 사용돼요.**

예
- A 아침에 밥을 먹었어요?
  B 시간이 별로 없어서 밥을 먹**는 대신에** 사과 한 개 먹었어요.
- A 비행기에서 뭐 했어요?
  B 영화를 보려고 했는데 재미있는 게 없어서 영화를 보**는 대신** 잡지를 읽었어요.

- A 손님들이 곧 오는데 방이 너무 더러워요.
  B 그럼 지금 요리하**는 대신** 청소부터 하는 게 어때요?

- A 시험을 잘 보려면 문제를 많이 푸는 게 좋겠죠?
  B 문제를 많이 푸**는 대신에** 틀린 문제를 다시 반복해서 보세요. 그게 더 도움이 될 거예요.

유의

◆ **명사와 함께 쓸 때는 'N 대신(에)'로 사용돼요.**

예
- 길이 막혀서 버스 대신에 지하철을 타고 왔어요.
- 엘렌 대신 제가 왔어요.

◆ **앞 절과 뒤 절의 주어가 같아도 되고 달라도 돼요.**

예
- 피곤해서 요리하는 대신에 배달 음식을 주문했어요.
- 오늘은 어머니가 집안일을 하시는 대신 제가 집안일을 했어요.

◆ **앞 절에는 '-는 대신(에)'만 쓰고 시제는 뒤 절에 나타내요.**

예
- 친구 생일 파티에 못 가는 대신에 친구에게 선물을 줘요.
  친구 생일 파티에 못 가는 대신에 친구에게 선물을 줬어요.
  친구 생일 파티에 못 가는 대신에 친구에게 선물을 줄 거예요.

3. A/V-(ㄴ/는)다고 하다

의미

▶ **형용사, 동사와 함께 쓰여 다른 사람에게서 듣거나 매체에서 읽거나 들은 것을 전달할 때 사용돼요.**

예
- A 안나가 독감 때문에 아직도 많이 아파요?
  B 어제 전화했는데 이제 좀 괜찮**다고 해요**.

- A 루이즈가 오늘도 수업 전에 김밥을 먹네요.
  B 지난번에 루이즈가 김밥을 좋아해서 자주 아침에 김밥을 먹**는다고 했어요**.

- A 다샤가 지금 어디에 있는지 알아요?
  B 조금 전에 통화했는데 카페에서 숙제한**다고 해요**.

- A 아침 8시인데 학교 앞 카페가 문을 열었을까요?
  B 아마 열었을 거예요. 지난번에 주인이 7시에 문을 연**다고 했어요**.

유의

◆ **주어가 1인칭인 문장을 다른 사람에게 전달할 때는 주어를 '자기'로 바꿔 써요.**

예 • 상우가 "나는 운동을 좋아해."라고 말했어요.
→ 상우가 자기는 운동을 좋아한다고 했어요.

• 올리버가 "저는 한국어를 공부하고 있어요."라고 말했어요.
→ 올리버가 자기는 한국어를 공부하고 있다고 했어요.

◆ **'-(ㄴ/는)다고' 뒤에 '하다' 말고 '말하다', '듣다', '생각하다' 등의 여러 동사를 사용할 수 있어요.**

예 • 아침에 일기 예보에서 이번 주말에 비가 많이 올 거라고 들었어요.

• 시험이 너무 어려워서 시험을 잘 못 봤다고 생각했어요.

◆ **'-(ㄴ/는)다고' 뒤에 '말', '얘기', '메시지' 등의 명사를 쓸 때는 '-(ㄴ/는)다고'를 '-(ㄴ/는)다는'으로 바꿔 쓸 수 있어요.**

예 • 엘렌이 아까 반 친구들에게 오늘 수업 후에 여행을 간다는 얘기를 했어요.

• 선생님께 오늘 아파서 학교에 결석할 거라는 메시지를 보냈어요.

4. V-(으)라고 하다

의미

▶ **동사와 함께 쓰여 다른 사람에게서 듣거나 매체에서 읽은 명령의 내용을 전달할 때 사용돼요.**

예 • A 올리버 씨, 왜 그렇게 바빠요?
B 부장님이 10시까지 회의 자료를 모두 찾**으라고 하셨거든요**.

• A 식당 아주머니가 참 친절하시네요.
B 맞아요. 이 식당에 올 때마다 항상 웃으시면서 천천히 맛있게 먹**으라고 하세요**.

• A 노래 동아리를 신청하려면 어떻게 해야 돼요?
B 동아리 회장이 홈페이지에 있는 신청서를 쓰**라고 했어요**.

• A 언제부터 봉사 활동을 했어요?
B 부모님께서 저에게 어려운 사람을 도우**라고 하셔서** 초등학교 때 시작하게 됐어요.

유의

◆ **부정형은 '-지 말라고 하다'로 사용돼요.**

예 • 선생님이 수업 시간에는 음식을 먹지 말라고 하셨어요.

• 어머니가 아이들에게 식당 안에서는 뛰지 말라고 했어요.

◆ **동사 '주다'나 동사와 함께 쓰는 '-아/어 주다'는 말하는 사람이 요청의 내용을 받을 때 '-아/어 달라고 하다'로 사용돼요.**

예 • 진영이 "상우야, 그 책 좀 줘."라고 했어요.
→ 진영이 상우에게 그 책 좀 달라고 했어요.

• 후배가 "선배, 커피 좀 사 주세요."라고 했어요.
→ 후배가 선배에게 커피 좀 사 달라고 했어요.

◆ **동사 '주다'나 동사와 함께 쓰는 '-아/어 주다'는 말하는 사람이 아니라 다른 사람이 요청의 내용을 받을 때 '-아/어 주라고 하다'로 사용돼요.**

예 • 진영이 "상우야, 유나에게 그 책 좀 줘."라고 했어요.
→ 진영이 상우한테 유나에게 그 책 좀 주라고 했어요.

• 후배가 "선배, 안나에게 책 좀 빌려 주세요."라고 했어요.
→ 후배가 선배한테 안나에게 책 좀 빌려 주라고 했어요.

5. A/V-(으)ㄴ/는 대신(에) (보상)

의미

▶ **형용사, 동사와 함께 쓰여 앞의 행동이나 상태에 알맞은 정도의 다른 것으로 보상함을 나타낼 때 사용돼요.**

예 • A 회사에서 할 일이 많아서 힘들지요?
B 네. 그래도 일이 많**은 대신** 돈을 많이 줘서 괜찮아요.

• A 이 컴퓨터는 가격이 너무 비싸지 않아요?
B 비싼 **대신에** 성능이 좋아요.

• A 제가 식사 준비를 할게요.
B 그럼 마테오 씨가 요리를 해 주**는 대신에** 제가 여기를 청소할게요.

• A 차가 많이 막혔어요? 30분이나 늦었네요.
B 정말 미안해요. 제가 늦**은 대신** 오늘 볼 영화 표를 제가 살게요.

유의

◆ **앞 절과 뒤 절의 주어가 같아도 되고 달라도 돼요.**

예 • 저는 매일 게임을 하는 대신 매일 공부도 열심히 해요.

• 진차오가 저에게 중국어를 가르쳐 주는 대신에 저도 진차오에게 한국어를 가르쳐 줄 거예요.

◆ **앞 절과 뒤 절의 시제가 같아도 되고 달라도 돼요.**

예 • 거리가 먼 대신 교통이 편리해서 쉽게 갈 수 있어요.
거리가 먼 대신 교통이 편리해서 쉽게 갈 수 있었어요.

• 아기가 낮에 잠을 잔 대신 밤에 잠을 안 잤어요.
아기가 낮에 잠을 잔 대신 밤에 잠을 안 잘 거예요.

6. N(이)라고 하다

의미

▶ **명사와 함께 쓰여 다른 사람에게서 듣거나 매체에서 읽거나 들은 것을 전달할 때 사용돼요.**

예 • A 쇼타는 친구들이 많지요?
B 네. 친구들이 쇼타는 사교적인 성격**이라고 했어요**.

• A 다음 주에는 계속 비가 옵니까?
B 맞습니다. 이번 주부터 장마**라고 합니다**.

• A 조슈아는 취미가 뭐예요?
B 소개할 때 들었는데 만화책 읽기**라고 했어요**.

• A 안나 생일 선물로 이 가방을 사면 어때요?
B 좋아요. 아까 직원이 요즘 이게 제일 잘 팔리는 상품**이라고 했어요**.

유의

◆ **'(이)라고' 뒤에 '하다' 말고 '말하다', '이야기하다', '부르다' 등의 여러 동사를 사용할 수 있어요.**

예 • 루이즈가 자기 반 친구들이 모두 좋은 친구라고 말했어요.

• 우리 반 친구들은 노래를 잘 부르는 유나를 가수라고 불러요.

◆ **'(이)라고' 뒤에 '말', '얘기' 등의 명사를 쓸 때는 '(이)라고'를 '(이)라는'으로 바꿔 써요.**

예 • 저 사람이 유명한 작가라는 말을 들었어요?

• 위칭이 태국 사람이라는 얘기를 오늘 처음 들었어요.

◆ **'고'가 생략돼서 '(이)라 하다'로 쓰기도 해요.**

예
- 제주도는 바람, 돌, 여자가 많아서 삼다도라 해요.
- 부장님이 올리버는 일을 잘하는 직원이라 하셨어요.

7. N(이)래요

의미

▶ **'(이)라고 하다'의 줄임말로 다른 사람에게서 듣거나 매체에서 읽거나 들은 것을 전달할 때 사용돼요.**

예
- A 유미가 누구예요?
  B 유나 동생**이래요**.
- A 유나와 마테오 두 사람이 친구였어요?
  B 저도 몰랐는데 같은 동네에 사는 친구**래요**.
- A 상우가 오늘 왜 정장을 입고 왔어요?
  B 오늘이 회사 면접 날**이래요**.
- A 학교 앞 빵집이 유명해요?
  B 네. 루이즈가 그러는데 거기는 학생들에게 인기 있는 가게**래요**.

유의

◆ **보통 친구나 친한 사이 또는 말하는 사람보다 아랫사람에게 써요.**

예
- 쇼타, 이거 마테오가 만든 빵이래.
- 진영아, 위칭도 오늘부터 방학이래.

8. A/V-(ㄴ/는)대요

의미

▶ **'-(ㄴ/는)다고 하다'의 줄임말로 다른 사람에게서 듣거나 매체에서 읽거나 들은 것을 전달할 때 사용돼요.**

예
- A 안나 표정이 왜 저렇게 안 좋아?
  B 옷을 얇게 입어서 너무 춥**대**.
- A 내일은 한국어 수업이 없어요?
  B 맞아요. 내일은 문화 수업으로 공연을 보러 가서 한국어 수업은 안 한**대요**.
- A 엘렌이랑 내일 뭐 먹을까? 떡볶이 어때?
  B 안 매운 걸 먹는 게 좋겠어. 전에 들었는데 엘렌은 매운 음식을 잘 못 먹**는대**.
- A 마테오는 멕시코 사람이죠?
  B 네. 맞아요. 마테오 씨만 지금 한국에 있고 가족들은 모두 멕시코시티에서 산**대요**.

유의

◆ **보통 친구나 친한 사이 또는 말하는 사람보다 아랫사람에게 쓰고 공식적인 상황에서는 쓰지 않아요.**

예 • 진영아, 상우가 학교에 곧 도착한대. (○)

• 곧 회의를 시작하겠습니다. 회장님께서는 10분 후에 도착하신대요. (×)

◆ **'-(ㄴ/는)다고 했어요'의 줄임말인 '-(ㄴ/는)댔어요'로 바꿔 쓸 수 있어요.**

예 • 안나가 이 원피스의 색이 예쁘다고 했어요.
= 안나가 이 원피스의 색이 예쁘댔어요.

• 조슈아가 어젯밤에 친구 생일 파티에 갔다고 했어요.
= 조슈아가 어젯밤에 친구 생일 파티에 갔댔어요.

• 다샤가 이번 주말에 영화를 볼 거라고 했어요.
= 다샤가 이번 주말에 영화를 볼 거랬어요.

9. V-(으)래요

의미

▶ **'-(으)라고 하다'의 줄임말로, 동사와 함께 쓰여 다른 사람에게서 듣거나 매체에서 읽은 명령, 요청의 내용을 전달할 때 사용돼요.**

예 • A 공연 중에 사진을 찍으면 안 돼요?
B 네. 공연 끝나고 배우들이 인사할 때만 사진을 찍**으래요**.

• A 위칭, 다샤가 외출 준비를 빨리 하**래**.
B 응. 알겠어.

• A 비빔밥 맛이 어때? 마테오가 채소를 좋아하면 채소를 더 넣**으래**.
B 그럼 조금 더 넣자.

• A 유나가 집에서 생일 파티를 해?
B 응. 유나가 반 친구들도 데려오**래**.

유의

◆ **보통 친구나 친한 사이 또는 말하는 사람보다 아랫사람에게 써요.**

예 • 올리버, 조슈아가 이따 올 때 음료수 좀 사 오래.

• 유나야, 상우가 자기 영화표도 같이 예매해 달래.

◆ **부정형은 '-지 말래(요)'로 사용돼요.**

예 • 버스나 지하철에서는 음식을 먹지 말래요.

• 엘렌이 자기 생일 파티에 와 주는 것만으로도 고맙다고 선물은 사 오지 말래.

◆ **동사 '주다'나 동사와 함께 쓰는 '-아/어 주다'는 말하는 사람이 요청의 내용을 받을 때 '-아/어 달래(요)'로 사용돼요.**

예 • 진영이 "상우야, 나 음료수 좀 줘."라고 했어요.
→ 진영이 상우한테 자기에게 음료수 좀 달래요.

• 선배가 올리버에게 "나 좀 도와줘."라고 했어.
→ 선배가 올리버에게 자기 좀 도와달래.

◆ **동사 '주다'나 동사와 함께 쓰는 '-아/어 주다'는 말하는 사람이 아니라 다른 사람이 요청의 내용을 받을 때 '-아/어 주래(요)'로 사용돼요.**

예 • 진영이 "상우야, 유나에게 음료수 좀 줘."라고 했어요.
→ 진영이 상우한테 유나에게 음료수 좀 주래요.

• 선배가 올리버한테 "안나에게 책 좀 전해 줘."라고 했어.
→ 선배가 올리버한테 안나에게 책 좀 전해 주래.

5 단원 건강과 생활 습관

1. V-다가

의미

▶ **동사와 함께 쓰여 어떤 일을 하는 도중에 그 일을 그만두거나 다른 일을 함을 나타낼 때 사용돼요.**

예 • A 떡볶이는 다 먹었어요?
B 아니요. 너무 매워서 먹**다가** 남겼어요.

• A 아직 새벽인데 왜 벌써 일어났어요?
B 잠을 자**다가** 무서운 꿈을 꿨어요.

- A 발표 자료는 다 만들었어요?
  B 아직이에요. 어젯밤에 만들**다가** 피곤해서 잤어요.
- A 학교까지 걸어서 왔어요?
  B 아니요. 걷**다가** 다리가 아파서 택시를 탔어요.

유의

◆ **앞 절과 뒤 절의 주어가 같아야 돼요.**

예 • 저는 숙제를 하다가 전화를 받았어요. (○)
저는 숙제를 하다가 동생이 전화를 받았어요. (×)

◆ **'-겠-'과 함께 사용할 수 없어요.**

예 • 내일 일하겠다가 잠깐 나갈 거예요. (×)
• 내일 집에 가겠다가 친구를 만날 거예요. (×)

◆ **'-다가 -다가 하다'로 쓰여 두 가지 이상의 사건이 번갈아 일어남을 나타낼 때 사용돼요. 이때 주로 반대되는 동작을 나타내는 동사를 써요.**

예 • 길이 막혀서 버스가 가다가 멈추다가 해요.
• 어젯밤에 배가 아파서 자다가 깨다가 했어요.

◆ **단순히 어떤 일을 그만두었음을 나타낼 경우 뒤 절에 '말다, 그만두다, 그치다, 멈추다, 포기하다'를 쓰는 것이 자연스러워요.**

예 • 시간이 없어서 케이크를 만들다가 말았어요.
• 회사를 다니다가 작년에 그만두었어요.

2. 사동사

의미

▶ **다른 사람, 동물, 사물을 움직이게 하거나 어떤 상태에 이르게 함을 나타낼 때 사용돼요.**

예 • A 오늘 저녁에 뭘 먹을 거예요?
B 김치찌개를 **끓여서** 먹을 거예요.
• A 어제 결석했는데 숙제를 어떻게 알았어요?
B 친구가 **알려** 줬어요.

- A 손님, 음식은 **남기지** 말고 다 드셔야 합니다.
  B 네. 알겠습니다.
- A 비가 많이 오는데 학교에 어떻게 왔어요?
  B 친구가 자기 차로 학교까지 **태워** 줘서 편하게 왔어요.

유의

◆ **'앉히다, 웃기다, 세우다, 깨우다, 끓이다, 태우다' 등의 동사들은 다음과 같은 문장을 만들어서 사용돼요.**

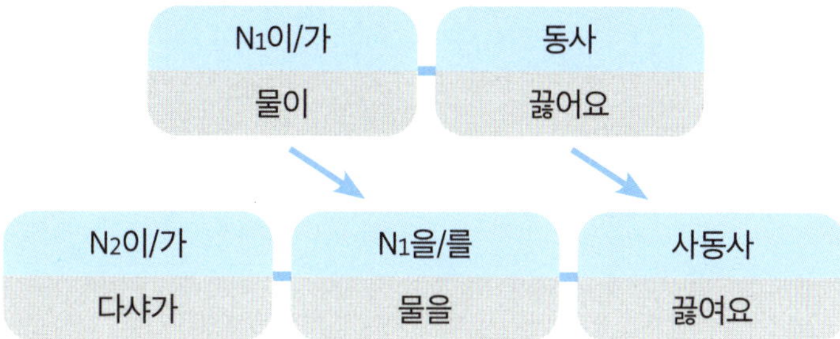

◆ **'먹이다, 읽히다, 알리다, 맡기다, 들리다, 씌우다' 등의 동사들은 다음과 같은 문장을 만들어서 사용돼요.**

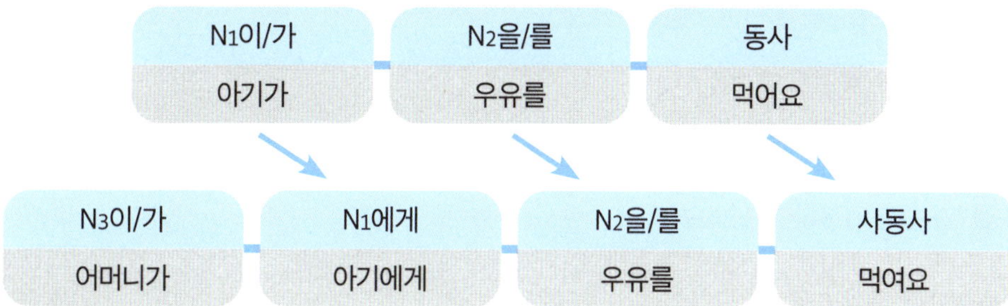

◆ **'벗기다, 씻기다' 등의 동사들은 다음과 같은 문장을 만들어서 사용돼요.**

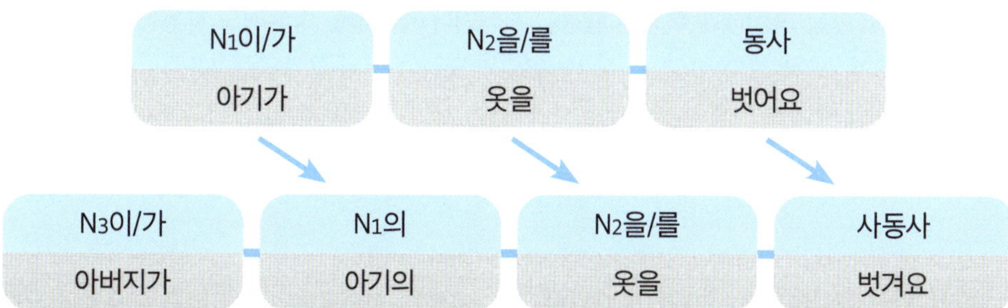

3. A/V-도록

의미

▶ **일부 형용사나 동사와 함께 쓰여 뒤에 나오는 일에 대한 목적을 나타낼 때 사용돼요.**

예
- A 기숙사에 새로 휴게실이 생겼어요?
  B 네. 기숙사에 사는 학생들이 쉬기 편하**도록** 만든 거예요.
- A 요즘 소화가 잘 안 돼요.
  B 그럼 소화가 잘되**도록** 기름이 많은 음식은 피하세요.
- A 오늘 저녁에 떡볶이를 만들려고 하는데 어때?
  B 좋은데 외국인 친구들도 먹을 수 있**도록** 안 맵게 만들어 줘.
- A 감기에 걸려서 몸이 아파요.
  B 그럼 감기가 빨리 낫**도록** 병원에 가 보세요.

유의

◆ **일반적으로 형용사와는 함께 사용할 수 없으나 '쉽다', '있다', '가능하다', '건강하다', '시원하다'와 같은 형용사와는 함께 사용할 수 있어요.**

예
- 학생들이 이해하기 쉽도록 천천히 설명했어요. (○)
- 저는 오늘 예쁘도록 화장을 했어요. (×)

◆ **'-았/었-', '-겠-'과 함께 사용할 수 없어요.**

예
- 장학금을 받도록 열심히 공부해요. (○)
  장학금을 받았도록 열심히 공부했어요. (×)
  장학금을 받겠도록 열심히 공부할 거예요. (×)

◆ **'-도록 하다'로 사용되어 듣는 사람에게 어떠한 행동을 시키거나 제안하는 경우에도 사용돼요.**

예
- 건강을 지키기 위해서 담배를 피우지 않도록 하세요.
- 우리 모두 이번 학기에 열심히 공부하도록 해요.

◆ **'-도록'과 '-(으)려고'는 모두 목적을 나타낼 때 사용하지만 '-도록'은 명령문이나 청유문을 사용할 수 있어요.**

예
- 원하는 대학교에 들어가도록 열심히 공부하세요. (○)
  원하는 대학교에 들어가려고 열심히 공부하세요. (×)

◆ **'-(으)려고'는 앞 절과 뒤 절의 주어가 같아야 하지만 '-도록'은 앞 절과 뒤 절의 주어가 같아도 되고 달라도 돼요. 하지만 주어가 같을 때 앞 절에 일상적이고 단순한 행위를 하는 '먹다', '자다', '입다' 등의 동사와는 함께 사용할 수 없어요.**

예 • 저는 좋은 생각이 날 때마다 잊지 않도록 메모를 해요. (○)
저는 좋은 생각이 날 때마다 잊지 않으려고 메모를 해요. (○)

• 부모님이 기뻐하시도록 장학금을 받을 거예요. (○)
부모님이 기뻐하시려고 장학금을 받을 거예요. (×)

• 친구가 자도록 방의 불을 껐어요. (○)
제가 자도록 방의 불을 껐어요. (×)
제가 자려고 방의 불을 껐어요. (○)

4. V-게 하다

의미

▶ **동사와 함께 쓰여 다른 사람에게 어떤 일을 시키거나 하도록 만들 때 사용돼요.**

예 • A 남편이 스트레스 때문에 술을 많이 마셔서 걱정이에요.
B 남편의 건강을 위해서 술을 꼭 끊**게 하세요**.

• A 아이가 밥을 잘 안 먹으려고 해서 걱정인데 어떻게 하면 좋을까요?
B 식사 전에 간식을 먹지 않**게 하세요**.

• A 쇼타 씨는 어렸을 때 부모님께서 못 하게 한 일이 있었어요?
B 우리 부모님은 TV를 밤늦게까지 못 보**게 하셨어요**.

• A 동생이 요즘 잠을 못 자고 우울해해서 걱정이에요. 좋은 방법이 없을까요?
B 증상이 오래 가면 더 심해질 수 있으니까 전문가에게 상담을 받**게 하세요**.

유의

◆ **과거는 '-게' 앞에 '-았/었-'을 붙이지 않고 '하다'에 '-았/었-'을 붙여서 써요.**

예 • 선생님께서 학생에게 책을 가져오게 하셨어요. (○)
선생님께서 학생에게 책을 가져왔게 하세요. (×)

◆ **사동사와 달리 모든 동사와 결합하고 주로 다른 사람에게 간접적으로 어떤 일을 시킨다는 의미로 사용돼요.**

예 • 어머니가 아이에게 옷을 입게 해요. (엄마가 시켜서 아이가 옷을 입었다.)
어머니가 아이에게 옷을 입혀요. (엄마가 아이의 옷을 아이에게 직접 입혔다.)

◆ **'-게 하다'는 다음과 같은 문장을 만들어서 사용돼요.**

N_1이/가	동사
학생이	쉬어요

N_2이/가	N_1을/를	사동사
선생님이	학생을	쉬게 해요

N_1이/가	N_2을/를	동사
아이가	책을	읽어요

N_3이/가	N_1에게	N_2을/를	사동사
엄마가	아이에게	책을	읽게 해요

5. -시키다

의미

▶ **'N하다' 동사는 '-시키다'의 형태로 사동의 의미를 나타낼 때 사용돼요.**

예 • A 피아노를 잘 치네?
B 응. 어렸을 때부터 부모님이 연습**시키셨거든**.

• A 강아지는 좀 괜찮아?
B 아니……. 병원에 가니까 증상이 좀 심하다고 해서 강아지를 병원에 입원**시켰어**.

• A 좋아하는 배우 사진은 많이 찍었어?
B 아니. 촬영장 주변에서 사진 찍는 걸 금지**시켜서** 하나도 못 찍었어.

• A 아이에게 직접 화를 내는 것보다 말로 뭐가 나쁜 것인지 이해**시키는** 것이 더 좋습니다.
B 네. 선생님. 알고는 있는데 쉽지 않네요.

유의

◆ **'-시키다'는 앞말과의 사이에 '을/를'을 사용할 수 있어요.**

예 • 선생님이 학생들에게 발표시켰다.
= 선생님이 학생들에게 발표를 시켰다.

6단원 내가 사는 도시

1. A/V-았/었었-

의미

▶ **형용사, 동사, '이다'와 함께 쓰여 어떤 일이 과거의 어느 시점에 완료되었음을 나타내요. 과거 사실이 현재와 다르거나 계속되지 않음을 나타낼 때 사용돼요.**

예 • A 이 신발 어디에서 샀어?
B 작년에 명동에서 샀어. 작년에는 많이 팔**았었**는데 요즘은 안 파는 것 같아.

• A 위칭 씨, 중국어를 할 수 있어요?
B 네. 간단한 말은 할 수 있어요. 고등학교 때 학교에서 배**웠었**거든요.

• A 엘렌 씨는 한국어 발음이 정말 자연스럽네요.
B 그래요? 저도 처음에는 발음이 너무 어려**웠었**는데 꾸준히 연습하니까 좋아졌어요.

• A 저 배우는 연기를 정말 잘하는 것 같아.
B 그렇지? 10년 전에는 수영 선수**였었**는데 운동을 그만두고 작년부터 연기를 시작한 거래.

유의

◆ **현재와 다르거나 지금은 그 상태에 있지 않음을 의미해요.**

예 • 그 사람은 결혼했었어요. 그런데 지금은 혼자예요.
• 사장님, 1시간 전에 거래처에서 전화가 왔었습니다.

◆ **어떤 일이 과거에 일어났지만 그 결과가 현재까지 계속되거나 현재에도 영향을 미칠 때는 '-았/었-'이 사용돼요.**

예 • 그 사람은 결혼했어요. 남편과 딸이 있어요.
• 사장님, 이화전자에서 전화가 왔습니다. 전화 받으세요.

2. A/V-(으)ㄴ/는 반면(에)

의미

▶ **형용사, 동사, '이다'와 함께 쓰여 앞의 내용과 뒤의 내용이 상반되는 사실임을 나타낼 때 사용돼요.**

예
- A 아이들 성격은 어때요?
  B 첫째는 성격이 급한 **반면에** 둘째는 느긋해요.
- A 다샤 씨는 한국 음식을 잘 먹죠? 매운 음식도 잘 먹어요?
  B 아니요. 저는 다른 한국 음식은 다 잘 먹**는 반면에** 매운 음식은 못 먹어요.
- A 유나 씨, 계속 봉사 활동을 하는 이유가 있습니까?
  B 봉사 활동을 하면 시간과 힘이 드**는 반면** 보람을 느낄 수 있기 때문입니다.
- A 서울은 다양한 모습을 가지고 있어서 매력적인 도시입니다.
  B 맞습니다. 어떤 곳은 아주 현대적인 **반면** 어떤 곳은 전통적인 분위기가 있죠.

유의

◆ **앞 절과 뒤 절의 주어가 같아도 되고 달라도 돼요. 앞 절과 뒤 절의 주어가 같을 때 뒤 절의 주어는 쓰지 않아요.**

예
- 저는 수학을 잘하는 반면에 영어를 잘 못해요.
- 동생은 운동을 좋아하는 반면에 저는 운동을 싫어해요.

◆ **'-았/었-', '-겠-'과 함께 사용할 수 없어요.**

예
- 어제 서울에는 비가 많이 왔는 반면에 부산에는 비가 오지 않았어요. (×)
- 이번 주말에 서울에는 비가 많이 오겠는 반면에 부산에는 비가 오지 않을 거예요. (×)

◆ **미래를 나타내는 '-(으)ㄹ 반면(에)'는 사용할 수 없어요.**

예
- 그 회사에 취직하면 돈을 많이 벌 수 있을 반면에 일이 많아서 바쁠 거예요. (×)
- 이 약을 먹으면 감기가 빨리 나을 반면에 계속 졸릴 거예요. (×)

◆ **문장과 문장을 연결할 때 뒤 문장 앞에 '반면(에)'를 사용할 수 있어요.**

예
- 지하철을 이용하는 사람이 작년보다 늘었다. 반면 버스를 이용하는 사람은 줄었다.
- 패키지여행은 그 나라 언어를 몰라도 편하게 즐길 수 있어요. 반면에 일정을 바꿀 수 없어서 불편해요.

◆ **'-(으)ㄴ/는 반면(에)'는 격식적인 문어에서 자주 사용되지만 '-지만'은 문어, 구어에서 모두 사용돼요.**

예 • 올해 여름 기온은 작년보다 높아진 반면에 장마는 짧아진 것으로 나타났습니다.
올해 여름 기온은 작년보다 높아졌지만 장마는 짧아진 것으로 나타났습니다.
올해 여름 기온은 작년보다 높아졌지만 장마는 짧아졌대요.

3. A/V-던

의미

▶ **형용사, 동사, '이다'와 함께 쓰여 여러 번 또는 한동안 계속된 과거의 사건이나 행위, 상태를 다시 떠올리면서 말할 때 사용돼요.**

예 • A 벌써 가을이 다 간 것 같아요.
B 그러게요. 노랗**던** 단풍도 다 떨어졌어요.

• A 진영 씨가 우울해 보이던데 무슨 일이 있어요?
B 키우**던** 고양이가 얼마 전에 집을 나갔대요.

• A 이 노래 알아요?
B 그럼요. 제가 고등학교 때 즐겨 듣**던** 노래예요.

• A 상우 씨는 언제 서울로 이사 왔어요?
B 제가 열다섯 살이**던** 해에 서울로 왔어요.

유의

◆ **'-던'은 과거의 사건, 행위, 상태가 완료되지 않고 중단되었음을 나타낼 때도 사용되지만 '-(으)ㄴ'은 과거에 완료된 일만 나타내요.**

예 • 어제 진영 씨가 읽던 책이 『작별인사』죠? 몇 쪽까지 읽었어요?
어제 진영 씨가 읽은 책이 『작별인사』죠? 책 반납했어요?

◆ **'-던'은 과거에 반복적으로 일어난 일에는 사용되지만 한 번만 일어난 일에는 사용되지 않아요. 반면에 '-(으)ㄴ'은 과거에 반복적으로 일어난 일에도 사용되고 한 번만 일어난 일에도 사용돼요.**

예 • 요즘 20년 전에 유행하던 스타일이 인기를 끌고 있다. (○)
요즘 20년 전에 유행한 스타일이 인기를 끌고 있다. (○)

• 이 교회는 우리 부모님이 결혼하던 곳이에요. (×)
이 교회는 우리 부모님이 결혼한 곳이에요. (○)

4. A/V-(으)ㄹ 뿐(만) 아니라

의미

▶ **형용사, 동사, '이다'와 함께 쓰여 앞의 정보와 함께 다른 정보를 추가할 때 사용돼요.**

예
- A 요즘 날씨 때문에 너무 힘들고 피곤해요.
  B 요즘처럼 기온이 높**을 뿐만 아니라** 햇볕이 강한 무더위에는 건강을 잘 챙겨야 해요.
- A 엘렌 씨, 요가를 하면 어떤 점이 좋아요?
  B 마음이 안정될 **뿐 아니라** 잠도 잘 와요.
- A 진영 씨는 학교 앞 카페에 자주 가는 것 같아요.
  B 맞아요. 그 카페는 아침 일찍 문을 열 **뿐만 아니라** 조용해서 책 읽기 좋거든요.
- A 이 음식이 요즘 왜 인기가 있는 거예요?
  B 다이어트에 효과적일 **뿐 아니라** 맛도 좋아서 그렇대요.

유의

◆ **명사와 함께 쓸 때는 'N뿐(만) 아니라'로 사용돼요.**

예
- 마테오는 멕시코 음식뿐만 아니라 한국 음식도 잘해요.
- 이 만화는 어린이뿐 아니라 어른들에게도 인기가 많아요.

◆ **앞 문장이 긍정적인 내용이면 뒤에 오는 문장도 긍정적인 내용으로 쓰고 앞 문장이 부정적인 내용이면 뒤 문장도 부정적인 내용을 써요.**

예
- 그 가게는 음식이 맛있을 뿐만 아니라 싸요. (○)
  그 가게는 음식이 맛있을 뿐만 아니라 비싸요. (×)
- 부장님은 회의 시간에 오지 않았을 뿐 아니라 연락도 없었다. (○)
  부장님은 회의 시간에 오지 않았을 뿐 아니라 연락을 했다. (×)

5. A/V-(으)ㄴ/는 덕분에

의미

▶ **일부 형용사와 동사와 함께 쓰여 어떤 은혜나 도움으로 인해 좋은 결과가 있을 때 사용돼요.**

예
- A 유나 씨, 여행은 어땠어요?
  B 아주 좋았어요. 겨울인데도 날씨가 따뜻한 **덕분에** 다니기 좋았어요.
- A 이번에 장학금을 받**는 덕분에** 다음 학기에도 계속 공부할 수 있게 됐어요.
  B 어머, 잘됐네요. 축하해요.

- A 독감은 다 나았어요?
  B 네. 걱정해 주신 **덕분에** 다 나았어요. 감사합니다.

- A 루이즈, 지난주에 오디션 때문에 바빴지? 시험공부는 좀 했어?
  B 응. 다행히 시험 전날이 일요일인 **덕분에** 할 수 있었어.

유의

◆ **'-(으)ㄴ/는 덕분에'는 결과가 좋은 경우에만 쓸 수 있지만 '-았/었기 때문에'는 결과가 좋거나 나쁜 경우 모두 쓸 수 있어요.**

예 • 눈이 많이 온 덕분에 산에 갈 수 없어요. (×)
눈이 많이 왔기 때문에 산에 갈 수 없어요. (○)

◆ **'-았/었-'과 함께 사용할 수 없어요.**

예 • 매일 운동을 했는 덕분에 건강해졌어요. (×)
• 아침에 친구가 깨워 줬는 덕분에 학교에 늦지 않았어요. (×)

◆ **명사와 함께 쓸 때는 'N 덕분에'로 사용돼요.**

예 • 그 병원은 친절한 간호사 덕분에 편하게 진료를 받을 수 있어서 좋아요.
• 처음 가는 곳이었는데 길을 알려 주는 앱 덕분에 잘 찾아갈 수 있었어요.

◆ **문장 끝에서 '-(으)ㄴ/는 덕분이다'로 쓸 수 있어요.**

예 • 제가 이번 오디션에 합격한 것은 모두 친구가 도와준 덕분이에요.
• 미국 사람인 제가 중국어를 잘하는 것은 중국에서 초등학교를 다닌 덕분이에요.

듣기 지문 및 정답

1 단원 새 학기, 새로운 시작

어휘와 표현 1_ 학교생활 p. 10

1. (1) ③ (2) ① (3) ②

2. (1) 성적표를 받았는데 (2) 출석을 부르기 (3) 공책에 필기할 겁니다

3. (1) 자료를 찾을 (2) 책을 대출할 (3) 대출 기간을 연장하면

어휘와 표현 2_ 유학 생활의 목표와 노력 p. 11

1. (1) 회사를 차릴 거예요/차리려고 해요 (2) 대학교에 진학할 거예요/진학하려고 해요
   (3) 일자리를 구할 거예요/구하려고 해요 (4) 대기업에 취직할 거예요/취직하려고 해요

2. (1) ② (2) ③ (3) ④ (4) ①

3. (1) 한국어 실력을 기르세요 (2) 수업에 집중해서 (3) 굳게 결심하세요 (4) 최선을 다하세요

문법 1_ V-는 중이다 p. 12

1. (1) 기다리는 중이에요 (2) 먹는 중이니까 (3) 보내는 중이니까 (4) 찾는 중이에요

2. (1) 돌아가는 중이에요 (2) 회의하는 중이라서 (3) 읽는 중이에요 (4) 만드는 중이에요

문법 2_ V-자마자 p. 13

1. (1) 끝나자마자 (2) 읽자마자 (3) 오자마자/도착하자마자 (4) 먹자마자

2. (1) 받자마자 (2) 시작되자마자 (3) 듣자마자 (4) 졸업하자마자

문법 3_ A/V-거든요 p. 14

1. (1) 가거든요 (2) 많거든요 (3) 막혔거든요 (4) 바쁘거든요

2. (1) 한국 사람이시거든요 (2) 다니고 싶거든요 (3) 있었거든요 (4) 방학이거든요
   (5) 합격했거든요 (6) 여행가거든요/여행갈 거거든요

문법 4_ V-기 위해(서) p. 15

1. (1) ③, 지키기 위해(서) 규칙적으로 운동해요 (2) ④, 하기 위해(서) 인터넷에서 자료를 찾아요
   (3) ②, 먹기 위해(서) 한국에 여행을 왔어요 (4) ①, 늦지 않기 위해(서) 알람을 켜고 잤어요
   (5) ⑤, 차리기 위해(서) 5년 전부터 은행에 저금하고 있어요

2. (1) 모으기 위해(서) (2) 취직하기 위해(서) (3) 붙기 위해(서) (4) 받기 위해(서)

더 알아보기_ N에 대해(서), N에 대한 p. 16

1. (1) 대한 (2) 대한 (3) 대해서 (4) 대해서 (5) 대해서

2. (1) 유적지에 대한 (2) 문법에 대해(서) (3) 방법에 대해(서) (4) 한국어능력시험에 대한

듣고 쓰기 p. 17

1.

다샤	유나 씨, 지금 운동할 곳을 찾는 중인데요. 근처에 스포츠 센터가 있어요?
유나	네. 다샤 씨. 학교 안에 있어요.
다샤	그래요? 거기는 어떻게 이용해요?
유나	먼저 홈페이지에서 회원 가입을 하세요. 그리고 신청 기간에 듣고 싶은 프로그램을 고르고 돈을 내면 돼요. 요가, 테니스 같은 프로그램이 있는데 지금 회원을 모집하는 중이니까 홈페이지에 한번 들어가 보세요. 특히 요가는 인기가 많아서 신청이 시작되자마자 마감될 때가 많아요.
다샤	정말요? 요가를 배워 보고 싶었는데 한번 들어가 볼게요. 좋은 정보 알려 줘서 고마워요.
유나	아니에요. 내일 한번 해 보세요.

(1) ③

(2) ① 신청이 시작되자마자 ② 모집하는 중이니까

2.

상우	루이즈 씨, 한국에 오면 뭘 해 보고 싶었어요?
루이즈	상우 씨, 저는 방송에서 본 한국 문화를 직접 경험해 보고 싶었어요.
상우	그래요? 어떤 걸 경험해 보고 싶었는데요?
루이즈	케이팝을 좋아해서 콘서트에도 가 보고 댄스도 배워 보고 싶었어요. 그래서 한국에 오자마자 댄스 학원을 찾아갔어요. 요즘 학원에서 댄스를 배우는 중이에요.
상우	콘서트에는 아직 못 가 봤어요?
루이즈	네. 표를 예매하려고 할 때마다 매진돼서 못 샀거든요.
상우	그랬군요. 다음 주 학교 축제에 케이팝 가수가 와요. 저한테 표가 두 장 있는데 같이 갈래요?
루이즈	정말요? 좋아요! 한국에서 하는 콘서트에 가 보고 싶었는데 정말 고마워요!

(2) ①

(3) ① 오자마자 케이팝 댄스 학원에 갔어요 ② 댄스를 배우는 중이에요
③ 예매하지 못 했거든요/사지 못 했거든요

말하기 pp. 18~19

1. ①

2. (1) ① (2) ③

(3) ① 한국 회사 면접시험에서 한국어 때문에 떨어져서 걱정이에요
② 염려하지 마세요. 한국에 온 지 얼마 안 돼서 그럴 거예요
③ 지금보다 한국어 실력이 좋아지기 위해(서) 어떻게 해야 할까요
④ 한국어를 잘하기 위해서는 한국어 수업을 열심히 들어 보세요

읽고 쓰기 pp. 20~21

1. (1) ③

2. (1) ③ (2) ③ (3) ②

3.

새 학기의 나의 결심!

저는 한국에 유학 오기 전에 독일에서 아시아 역사를 전공했습니다. 아시아 역사를 공부했는데 한국 영화에도 관심을 갖게 되었습니다. 그래서 나중에 한국 영화를 독일에 소개하고 싶습니다. 이 목표를 이루기 위해 지금 열심히 한국어를 배우는 중입니다.

한국에 처음 유학 왔을 때 제 결심은 '한국어 열심히 공부하기'였습니다. 그래서 한국에 와서 한국어 공부에만 집중했습니다. 그 결과 장학금도 받았습니다.

그렇지만 한국어 공부만 해서 한국 영화를 많이 못 봤습니다. 한국 문화 체험도 많이 못 했습니다. 그래서 이번 학기에 한국 문화를 많이 알아보기로 결심했습니다.

저는 이번 학기 목표를 이루기 위해 문화 체험 동아리에 가입할 겁니다. 동아리에서 한국 친구도 많이 사귀고 좋아하는 영화도 많이 보고 여러 곳에 여행도 다닐 겁니다. 이번 학기에도 최선을 다할 겁니다!

2 단원 성격과 외모

어휘와 표현 1_ 성격 p. 22

1. (1) 내성적인 (2) 긍정적인 (3) 꼼꼼하게 (4) 게을러서

2. (1) ① (2) ④ (3) ② (4) ③

3. (1) 성실하셔서 (2) 사교적이셔서 (3) 까다롭습니다 (4) 느긋합니다

어휘와 표현 2_ 액세서리 p. 23

1. (1) ① (2) ③ (3) ②

2. (1) 반지를 낀 (2) 머리핀을 꽂은 (3) 넥타이를 매

3. (1) 벨트를 하면 (2) 팔찌를 차면/차는 게 (3) 목도리를 두르는

문법 1_ A/V-(으)ㄴ/는 편이다 p. 24

1. (1) 큰 편이어서/편이라서 (2) 내성적인 편입니다 (3) 좋아하는 편이어서/편이라서 (4) 잘 먹는 편입니다

2. (1) 지루한 편이어서/편이라서 (2) 많지 않은 편이었어요 (3) 만드는 편이에요 (4) 닮은 편이에요

문법 2_ A/V-(ㄴ/는)다 p. 25

1. (1) 간다 (2) 판다 (3) 춥다 (4) 재미있다

2. (1) 6시다, 숙제하고 있다 (2) 했다, 좋겠다 (3) 시원하다, 끝난다 (4) 간다, 고프다

문법 3_ A/V-잖아요 p. 26

1. (1) 토요일이잖아요 (2) 약속했잖아요 (3) 맛있잖아요 (4) 비싸잖아요

2. (1) 보냈잖아요 (2) 많잖아요 (3) 가깝잖아요 (4) 올 거잖아요

문법 4_ A-아/어 보이다 p. 27

1. (1) 맛있어 보여서 (2) 어려 보일 (3) 좁아 보이지 (4) 불편해 보여

2. (1) 추워 보여요 (2) 좋아 보였어요 (3) 힘들어 보여서 (4) 건강해 보여서

더 알아보기 1_ N말고 p. 28

1. (1) 버스 말고 (2) 디자인 말고 (3) 수학 말고 (4) 카페 말고

더 알아보기 2_ A/V-(ㄴ/는)다 p. 28

(1) 지났다 (2) 열고 싶다 (3) 만든다 (4) 노력할 것이다

듣고 쓰기 p. 29

1.

쇼타	엘렌! 오늘 수업 후에 지난 학기 우리 반 친구들 모임이 있는데 너도 갈래?
엘렌	아, 그래? 그런데 쇼타, 나는 그 친구들을 한 명도 모르는데 가도 괜찮을까?
쇼타	괜찮아. 그냥 인사하고 이야기하면 돼. 친구들이 다 활발하고 사교적인 편이야. 나도 그렇고.
엘렌	그래? 좋겠다. 난 좀 내성적인 편이라서 처음 만나는 사람들이랑 이야기하는 게 좀 어렵거든.
쇼타	너무 어렵게 생각하지 말고 같이 가자.
엘렌	응. 그럴게.

(1) ③

(2) ① 사교적인 편입니다 ② 내성적인 편입니다

2.

유나	올리버 씨, 동생이 한국에 여행 왔죠? 동생이랑 즐겁게 지내고 있어요?
올리버	아, 유나 씨. 동생을 오랜만에 보는 건 좋은데 동생이랑 저랑 성격이 달라서 좀 힘들어요.
유나	그래요? 어떻게 다른데요?
올리버	저는 성격이 활발한 편이라서 돌아다니는 걸 좋아해요. 캠핑이 취미고요. 그런데 동생은 밖에 나가는 걸 별로 안 좋아하는 편이에요.
유나	그렇군요. 둘이 같이 놀기가 어려웠겠어요.
올리버	네. 지난주에는 제가 산에도 데려가고 바다도 보러 갔어요. 여행은 새로운 것을 경험하기 위해서 하는 거잖아요. 그런데 동생이 이번 주에는 밖에 안 나가려고 해요. 그래서 계속 집에만 있어요.
유나	올리버 씨는 좀 재미없겠네요. 동생은 언제 고향에 돌아가요?
올리버	다음 주에 가요. 동생이 가기 전까지 서로 잘 지내고 싶어요.

(2) ②

(3) ① 활발한 편이라서/편이어서 ② 안 좋아하는 편이에요 ③ 경험하기 위해서 하는 거잖아요

말하기 pp. 30~31

1. (1) ②

2. (1) ② (2) ③

(3) ① 파티니까 그거 말고 이 원피스를 입는 게 어때요 ② 디자인도 화려하고 예뻐 보여요
③ 빨간 목도리를 두르고 팔찌도 차면 더 멋있어 보이지 않을까요 ④ 제가 그렇게 한번 입어 볼게요

읽고 쓰기 pp. 32~33

1. (1) ① 입이 귀여워요 ② 검은색 재킷을 입었어요 ③ 팔찌를 찼어요

2. (1) ③ (2) ② (3) ①

3.

나의 가수, 김지훈

내가 제일 좋아하는 케이팝 가수는 김지훈이다. 나는 고등학생 때 김지훈을 처음 본 후에 팬이 되었다. 김지훈은 노래도 잘하고 춤도 잘 춘다. 그리고 외모도 아주 멋있다.

김지훈은 키가 크고 조금 마른 편이다. 얼굴은 작은 편인데 앞머리가 있어서 더 작아 보인다. 또 웃을 때 입이 너무 귀엽다.

김지훈은 공연할 때 여러 스타일의 옷을 입지만 평소에는 청바지와 티셔츠를 입고 편해 보이는 신발을 신는다. 특히 흰색이나 검은색 옷을 자주 입는 편이다. 그리고 모자와 안경을 쓰고 잘 어울리는 팔찌도 찬다.

내가 김지훈을 좋아한 지도 벌써 4년이나 되었다. 나는 그동안 콘서트에 많이 갔는데 콘서트에서의 화려한 모습보다 동네 오빠 같은 모습을 더 좋아한다. 김지훈은 지금까지도 앞으로도 나에게 최고의 가수다.

3 단원 여가 활동

어휘와 표현 1_ 여가 활동의 장점 p. 34

1. (1) ② (2) ① (3) ③

2. (1) 스트레스를 해소하는 (2) 마음이 안정돼서 (3) 체력을 기를

3. (1) 자신감이 생기는 (2) 보람을 느낄 (3) 기분 전환이 되고

어휘와 표현 2_ 동호회 활동 p. 35

1. (1) 빈 병을 재활용해서 (2) 환경을 지키기 (3) 쓰레기를 줍고 (4) 캠페인을 하고

2. (1) ③ (2) ② (3) ④ (4) ①

3. (1) 그림을 감상할 (2) 물감으로 그리는 (3) 전문가가 지도해 (4) 미술 도구를 준비하지

문법 1_ V-고 나다 p. 36

1. (1) 이메일을 보내고 나서 회의를 시작했어요 (2) 손을 씻고 나서 밥을 먹었어요

(3) 준비 운동을 하고 나서 수영했어요 (4) 창문을 열고 나서 청소했어요

2. (1) 먹고 나면 (2) 쉬고 나면 (3) 읽고 나면 (4) 듣고 나면

문법 2_ V-(으)니까 (발견) p. 37

1. (1) ④, 먹어 보니까 생각보다 너무 매워서 잘 먹을 수 없었다
   (2) ③, 들어가니까 가족들이 다 같이 저녁을 먹고 있었다
   (3) ①, 들으니까 문제의 답을 알 수 있었다
   (4) ②, 전화하니까 통화 중이어서 통화하지 못했다
   (5) ⑤, 읽으니까 소설 내용이 어렵지 않아서 쉽게 이해할 수 있었다

2. (1) 나오니까 (2) 일어나니까 (3) 찾으니까 (4) 여니까

문법 3_ V-(으)려면 p. 38

1. (1) 잘하려면 (2) 끝나면 (3) 읽으면 (4) 들으려면 (5) 보려면

2. (1) 지으려면 (2) 걸리지 않으려면 (3) 놀려면 (4) 앉으려면

문법 4_ A/V-았/었으면 좋겠다 p. 39

1. (1) 토요일이었으면 좋겠어요 (2) 됐으면 좋겠어요 (3) 있었으면 좋겠어요 (4) 맑았으면 좋겠어요

2. (1) 받았으면 좋겠어요 (2) 올랐으면 좋겠어요 (3) 땄으면 좋겠어요 (4) 건강했으면 좋겠어요

더 알아보기_ A/V-(으)ㄴ/는지 p. 40

1. (1) 가는지 (2) 얼마인지 (3) 좋은지 (4) 맛있는지

2. (1) 사람인지 (2) 있는지 (3) 만드는지/만들었는지 (4) 모이는지

듣고 쓰기 p. 41

1.

엘렌	상우 씨는 주말에 보통 뭐 해요?
상우	매주 토요일마다 등산을 하고 있어요.
엘렌	정말요? 저도 등산을 해 보고 싶은데 등산을 하면 뭐가 좋아요?
상우	체력을 기를 수 있어요. 등산을 하고 나서 맛있는 음식을 먹으면 기분 전환도 되고요. 엘렌 씨는 시간이 있을 때 뭐 해요?
엘렌	저는 게임을 해요. 게임을 하고 나면 스트레스가 풀리거든요.
상우	그렇군요. 나중에 한번 같이 해요.

(1) ③

(2) ① 등산을 하고 나서 ② 게임을 하고 나면

2.

진영	올리버 씨, 저는 스키 타는 걸 좋아해서 스키장에 자주 가는데요. 다음 주 토요일에 같이 스키를 타러 갈래요?
올리버	진영 씨, 저도 가고 싶은데 전 스키가 없어요.
진영	괜찮아요. 스키장에서 스키를 빌리면 돼요. 저도 거기에서 빌릴 거예요.
올리버	그래요? 그럼 갈게요. 그런데 스키를 타려면 스키복이 필요하죠?
진영	네. 스키복이 필요해요. 그리고 스키 탈 때 다치지 않으려면 장갑도 꼭 껴야 돼요.
올리버	그럼 스키복하고 장갑도 빌릴 수 있어요?
진영	스키복은 빌릴 수 있는데 장갑은 사야 돼요.
올리버	알겠어요. 알려 줘서 고마워요. 그날 스키를 타고 나서 저녁도 같이 먹어요.

(1) ③

(2) ① 스키를 타려면 ② 다치지 않으려면 ③ 스키를 타고 나서

말하기 pp. 42~43

1. ②

2. (1) ③ (2) ②

(3) ① 같이 그림을 보러 갈래요 안나 씨도 그림 보는 것을 좋아하잖아요
② 미술관도 좋지만 좀 새로운 걸 해 보고 싶어요 ③ 저는 어려운 사람들을 돕는 활동을 했으면 좋겠어요
④ 그걸 어떻게 신청하는지, 어디에서 하는지 잘 몰라요

읽고 쓰기 pp. 44~45

1. (1)

	질문	본문에 나온 답
①	ⓐ 왜 이렇게 인기가 많은 걸까?	다양한 친구들을 사귈 수 있다.
②	ⓑ 잘 못 뛰는 사람도 괜찮을까?	운동복과 운동화만 있으면 된다.
③	ⓒ 준비물이 많이 필요하지는 않을까?	마라톤을 좋아하는 사람이면 다 괜찮다.

2. (1) ② (2) ① (3) ②

3.

다 같이 뛰어 볼까요?

달리기에 관심이 많으십니까? 혹시 혼자서 뛰는 게 힘드십니까? 이런 분들을 위해 마라톤과 건강에 관심이 많은 사람들이 모인 우리 마라톤 동호회를 소개하려고 합니다.

마라톤 동호회에서는 어떤 활동을 할까요? 먼저 준비 운동을 하고 나서 한강 공원을 같이 뜁니다. 마라톤을 하면 친구들도 사귈 수 있고 스트레스도 풀 수 있습니다. 또 마라톤을 계속하면 체력도 기를 수 있어서 좋습니다.

달리기를 잘 못하는 사람도 괜찮을까요? 달리기를 못해도 괜찮습니다. 동호회에는 달리기를 오래 한 사람부터 처음 시작하는 사람까지 마라톤을 좋아하는 다양한 사람들이 있습니다. 그리고 가볍게 준비 운동을 하고 나서 달리기 때문에 생각보다 힘들지 않을 겁니다.

마라톤 동호회에서 활동하려면 무엇이 필요할까요? 운동복과 운동화만 있으면 마라톤을 할 수 있습니다. 많은 사람들이 건강을 위해 우리 동호회에 관심을 가져 주시고 같이 뛰었으면 좋겠습니다. 그럼 화요일과 목요일 저녁 7시에 한강 공원에서 만나요.

마라톤 사랑 카페 cafe.ewha.edu/ewhamarathon

4 단원 소식과 정보

어휘와 표현 1_ 안부 p. 46

1. (1) ② (2) ① (3) ③

2. (1) 한가해서 (2) 심심해 (3) 정신없이 바쁘잖아

3. (1) 적응되지 않았다 (2) 고생했다 (3) 그럭저럭 잘 지내는

어휘와 표현 2_ 대학 지원 p. 47

1. (1) ① (2) ② (3) ③ (4) ④

2. (1) 추천서를 받으세요 (2) 자기소개서를 쓰세요 (3) 졸업증명서를 발급 받으세요
   (4) 지원서를 작성할

3. (1) 개인 정보를 입력하세요 (2) 접수비를 결제하고 (3) 접수증을 받고 (4) 서류를 우편으로 제출하세요

문법 1_ V-(으)면서 p. 48

1. (1) 먹으면서 (2) 울면서 (3) 뛰면서/달리면서 (4) 들으면서

2. (1) 운전하면서 (2) 살면서 (3) 보시면서 (4) 도우면서

문법 2_ V-는 대신(에) (대체) p. 49

1. (1) 가는 대신(에) (2) 만드는 대신(에) (3) 운동하는 대신(에) (4) 걷는 대신(에)

2. (1) 현금 대신(에) 카드 (2) 음료수 대신(에) 물 (3) 산책 대신(에) 게임 (4) 부모님 대신(에) 할머니

문법 3_ A/V-(ㄴ/는)다고 하다 p. 50

1. (1) 한가하다고 해요 (2) 아팠다고 해요 (3) 끝날 거라고 해요 (4) 읽는다고 합니다

2. (1) 맛있다고 했어요, 간다고 했어요 (2) 궁금하다고 했어요, 먹어 보고 싶다고 했어요
   (3) 가 봤다고 했어요, 든다고 했어요 (4) 좋아한다고 했어요, 갈 거라고 했어요

문법 4_ V-(으)라고 하다 p. 51

1. (1) 일어나라고 할게 (2) 풀라고 하셨어요 (3) 읽으라고 했어요 (4) 먹지 말라고 하셨어요

2. (1) 달라고 (2) 달라고 (3) 주라고 (4) 주라고

더 알아보기 1_ A/V-(으)ㄴ/는 대신(에) (보상) p. 52

1. (1) 먹은 대신(에) 내일 운동을 열심히 해 보세요
   (2) 안 내는 대신(에) 가을에 휴가를 낼 거야
   (3) 하는 대신(에) 아르바이트 돈을 더 받기로 했어요
   (4) 찾아 준 대신(에) 쇼타가 점심을 사 줬어

2. (1) 편리한 대신(에) 좀 시끄러워 (2) 비싼 대신(에) 품질이 좋아 (3) 많이 온 대신(에) 별로 안 더웠어요
   (4) 힘든 대신(에) 배우는 것이 많아요

더 알아보기 2_ N(이)라고 하다 p. 53

(1) 긍정적이라고 했어요 (2) 친구라고 했어요 (3) 뭐라고 했어요 (4) 요리사라고 했어요 (5) 책이라고 합니다

더 알아보기 3_ N(이)래요 p. 53

1. (1) 〈우리들의 여름〉이래요 (2) 코미디래요 (3) 부산이래요 (4) 영화래요 (5) 김지훈과 하연수래요

더 알아보기 4_ A/V-(ㄴ/는)대요 p. 54

1. (1) 샀대 (2) 주고 싶대 (3) 일하러 간대 (4) 예약하겠대/예약할 거래

더 알아보기 5_ V-(으)래요 p. 54

1. (1) 전화하래 (2) 사지 말래요 (3) 알려 달래요 (4) 걸으래요

듣고 쓰기 p. 55

1.

레아	김민지 선생님, 안녕하세요?
선생님	레아 씨, 오랜만이에요. 반가워요. 그런데 학교에는 무슨 일로 왔어요?
레아	오랜만에 학교 구경도 하고 선생님께 인사도 드리려고 왔어요.
선생님	그렇군요. 잘 왔어요. 레아 씨, 요즘 어떻게 지내요?
레아	두 달 전에 결혼해서 서울에서 살고 있어요. 결혼식도 하고 이사도 해서 정신없이 바빴는데 이제 좀 한가해요.
선생님	그랬군요. 저도 평일에는 수업하고 주말에는 여행도 하면서 그럭저럭 잘 지내고 있어요.
레아	다행이에요. 선생님은 항상 일이 많아서 고생하셨잖아요. 참, 이건 브루나가 선생님께 쓴 편지예요. 사실 오늘 만나서 같이 학교에 오려고 했는데 브루나에게 급한 일이 생겼어요. 그래서 브루나가 학교에 못 오는 대신에 선생님께 드릴 안부 편지를 썼어요.
선생님	그래요? 저도 브루나 씨 소식이 궁금했어요.
레아	브루나도 잘 지내고 있어요. 다음에는 브루나랑 같이 학교에 올게요.

(1) ②

(2) ① 여행도 하시면서 ② 학교에 못 오는 대신에

2.

기자	황민호 배우님, 안녕하세요. 유명한 아나운서셨는데 어떻게 아나운서에서 배우가 되셨습니까?
황민호	어렸을 때부터 배우가 되고 싶었습니다. 그래서 계속 아나운서로 일하는 대신에 배우가 되기 위해서 학원에 다니기 시작했습니다. 학원에서는 열심히 수업을 듣고 집에 있을 때는 영화를 보면서 혼자 공부도 했습니다. 그렇게 지내는 중에 좋은 기회가 생겨서 영화를 찍게 됐습니다.
기자	그렇군요. 배우가 되니까 어떠세요? 힘들진 않으세요?
황민호	처음 해 보는 일이라서 힘듭니다. 그렇지만 힘든 대신에 배우는 것도 많습니다. 그리고 영화에서 다른 사람이 되어 보는 것도 정말 재미있습니다.
기자	그렇겠네요. 동료 배우들과 감독님은 예전에 뉴스에서 본 분과 함께 일하게 돼서 신기해 하실 것 같은데요.
황민호	네. 좋아해 주시고 많이 가르쳐 주세요. 감독님은 제가 가끔 아나운서처럼 말해서 이상하다고 하세요.
기자	도움을 많이 받으시겠군요. 마지막으로 한말씀 해 주세요.
황민호	응원해 주셔서 감사합니다. 좋은 배우가 되기 위해서 열심히 노력하겠습니다.

(1) ①

(2) ① 아나운서로 일하는 대신에 ② 많이 가르쳐 준다고 한다
③ 아나운서처럼 말해서 이상하다고 한다

말하기 pp. 56~57

1. ②

2. (1) ② (2) ③

(3) ① 사실 지원 안내문이 나오기 전부터 지원 준비를 시작해서 준비는 거의 끝냈어
② 영상을 어떤 내용으로 찍어야 돼

③ 인터넷 영상에서 전문가의 말을 들었어 전문가에 의하면 지원 안내를 읽고 궁금한 게 있으면 꼭 문의하래
④ 너는 대회에 많이 나가 봤으니까 이번에도 문제없을 거야

읽고 쓰기 pp. 58~59

1. (1) ②

2. (1) ② (2) ③ (3) ①

3.

보내는 사람: 다샤 <dasha@rumail.com>

받는 사람: 유나 <yuna@ewhaedu.com>

제목: 유나야, 나 다샤야.

유나에게

유나야, 안녕? 방학 잘 보내고 있어? 벌써 이 주가 지났네. 사실 내가 너에게 물어보고 싶은 게 있는데 질문이 많아서 이메일을 보내.

나에게 친한 일본인 친구가 있는데 이번 여름에 부모님과 함께 제주도로 여행을 가려고 한대. 인터넷으로 여행 정보를 찾아봤는데 정보가 부족해서 좀 물어보고 싶대. 오랜만에 부모님과 함께 여행하는 거라서 좋은 추억을 남기고 싶대. 넌 제주도에 여러 번 갔잖아. 그러니까 네가 아는 것 좀 알려 줘. 부탁할게.

내 친구는 먼저 제주도의 숙소와 교통수단이 궁금하대. 간단한 정보는 여행 홈페이지를 보면 알 수 있지만 숙소 위치가 괜찮은지, 숙소에 어떤 시설이 있는지 모르겠대. 특히 친구의 부모님은 차를 빌리지 않고 여행할 건데 버스나 택시로 여행하는 게 어떤지 물어봐 달라고 하셨대. 그리고 비가 오면 갈 곳도 미리 알아보려고 한대. 박물관이나 미술관 중에 좋은 곳이 있으면 알려 달래. 또 맛집도 알려 주면 좋겠대.

방학에 번거로운 부탁을 해서 미안해. 네가 여러 가지 알려 주는 대신에 방학 끝나고 만나면 내가 밥 살게. 이메일 보면 나에게 연락 줘.

다샤가

5 단원 건강과 생활 습관

어휘와 표현 1_ 증상 p. 60

1. (1) 몸살이 났어요 (2) 발목을 삐었어요 (3) 눈이 빨개졌어요

2. (1) ② (2) ① (3) ③

3. (1) 눈이 가려워서 비볐어요 (2) 속이 불편해 (3) 허리 통증이 심해요

어휘와 표현 2_ 생활 습관 p. 61

1. (1) ② (2) ④ (3) ① (4) ③

2. (1) 시간을 아껴 쓸 거예요 (2) 음식을 골고루 먹을 (3) 돈을 절약하기 (4) 물건을 제자리에 놓을

3. (1) ① 과식해서 (2) 아침을 굶었어 (3) 늦잠을 자지 (4) 규칙적인 생활을 하면

문법 1_ V-다가 p. 62

1. (1) 썰다가 (2) 회의하다가 (3) 그리다가 (4) 싸다가

2. (1) 풀다가 (2) 살다가 (3) 찾다가 (4) 가다가

문법 2_ 사동사 p. 63

1. (1) 세워 드릴까요 (2) 웃겨 (3) 살려 주셨어요 (4) 늦출 수 있어요

2. (1) 먹였다 (2) 입히고 (3) 신겼다 (4) 씌우고

문법 3_ A/V-도록 p. 64

1. (1) 낫도록 (2) 늦지 않도록 (3) 해소되도록 (4) 보이도록

2. (1) 먹으려고 (2) 입으려고 (3) 시원해지도록 (4) 물어보려고 (5) 방해되지 않도록

문법 4_ V-게 하다 p. 65

1. (1) 초대장을 만들게 하자 (2) 공연 사진을 찍게 하자 (3) 공연장을 예약하게 하자
   (4) 공연 때 입을 옷을 빌리게 하자

2. (1) 먹게 하세요 (2) 이야기하게 하세요 (3) 만나게 하고 (4) 갖게 하는

더 알아보기_ -시키다 p. 66

1. (1) 산책시켜/산책시켜 줘 (2) 목욕시켜/목욕시켜 줘 (3) 인사시키세요 (4) 준비시키세요

2. (1) 구경할 (2) 세수하고 (3) 정지시키세요 (4) 건조시켜

듣고 쓰기 p. 67

1.

진행자	지난 방송 후에 소화가 안 될 때 뭘 드시는지 댓글을 남겨 달라고 했었는데요. 많은 분들이 콜라라고 대답해 주셨습니다. 그런데 선생님, 소화가 안 될 때 콜라를 마시는 게 정말 도움이 됩니까?
의사	사실 건강에 큰 도움이 되지는 않습니다. 오히려 너무 많이 마시면 배탈이 날 수도 있습니다.
진행자	그래요? 저는 특히 튀긴 음식을 먹을 때 꼭 콜라를 마시는데요. 그럼 과식하고 소화가 잘 안 될 때나 저처럼 튀긴 음식을 먹다가 음료수가 생각날 때 콜라 말고 뭘 마시면 좋을까요?
의사	콜라 대신 녹차를 마셔 보세요. 음식을 먹고 속이 답답할 때 콜라를 마시면 속이 편해지는 느낌만 주죠. 그렇지만 녹차는 실제로 우리 몸의 소화를 돕는 데 효과가 큽니다.
진행자	그래요? 녹차가 도움이 되는군요. 오늘부터 콜라 마시는 걸 줄이고 녹차를 많이 마시는 게 좋겠네요.
의사	네. 그런데 녹차가 우리 몸에 좋지만 식사 후에 바로 마시면 안 돼요. 식사를 마치고 30분 정도 지난 후에 마시는 게 좋습니다. 너무 뜨겁게 마시는 것보다는 따뜻하게 마시는 게 좋고요.

(1) ③

(2) ① 튀긴 음식을 먹다가 ② 마시는 걸 줄이고

2. 의사 어디가 아파서 오셨습니까?

올리버 몸이 너무 아파요. 오늘 아침에 일어나 보니까 열도 좀 나는 것 같고요.

의사 어디 봅시다. 목은 많이 안 부었네요. 감기는 아닌 거 같은데 혹시 요즘 피곤한 일이 많았어요?

올리버 네. 며칠 동안 일을 늦게까지 하다가 새벽에 잘 때가 많았어요.

의사 그렇군요. 쉬지 못해서 몸살이 난 것 같네요. 약을 처방해 드릴게요. 하루에 세 번 식사 후에 드세요. 운동은 좀 하는 편이세요?

올리버 네. 평소에 하루에 30분 정도 공원을 뛰고 있어요.

의사 잘하고 계시네요. 약을 잘 먹는 것도 중요하지만 무엇보다 체력이 좋아지도록 잠을 푹 자고 규칙적으로 운동하는 게 더 좋아요. 지금은 증상이 심해지지 않도록 다 나을 때까지 걷기 같은 가벼운 운동을 하세요.

올리버 네. 알겠습니다. 감사합니다.

(2) ②

(3) ① 일을 하다가 ② 체력이 좋아지도록 ③ 증상이 심해지지 않도록

말하기 pp. 68~69

1. ③

2. (1) ② (2) ③

(3) ① 쇼핑을 좀 줄이려고 하는데 쉽지 않네요 ② 정말이에요 너무 적지 않아요
③ 부모님께서 꼭 써야 할 곳에 돈을 쓰도록 쇼핑 전에 메모하게 하셔서 돈을 아껴 쓰게 됐어요
④ 그때는 그랬는데 지금은 습관이 돼서 쇼핑을 안 하게 돼요

읽고 쓰기 pp. 70~71

1. (1) ①

2. (1) ② (2) ② (3) ①

3. 시험 스트레스, 이렇게 날리자!

아무 이유 없이 배가 자주 아프고 짜증이 나고 기분 변화가 심한가? 갑자기 피부에 뭐가 나기 시작했는가? 시험이 가까워지면 시험 스트레스로 힘들어하는 사람이 많다.

시험 기간에 밤을 새워서 공부하는 사람들이 많은데 시험 스트레스는 몸이 피곤하고 바쁘다는 이유로 잘 먹지 않을 때 더 많이 생긴다. 시험 기간에 잠깐 생긴 스트레스도 계속되면 우리의 몸과 마음을 상하게 할 수 있다.

스트레스를 해소하기 위해서는 첫째, 많이 자야 한다. 시험 기간에 잠이 부족하면 더 피곤하고 공부에 집중도 안 되고 기억도 잘 안 난다. 그래서 집중하는 시간을 늘리기 위해 평소보다 시험 기간에 더 자는 것이 좋다. 둘째, 쉬는 시간을 가져야 한다. 시험 기간에 우리 몸을 충분히 쉬게 해서 즐겁게 공부할 수 있도록 하는 것이 중요하다. 스트레스를 줄이기 위해 일요일 오전이나 오후는 완전히 공부에서 떠나 편안한 마음으로 쉬어야 한다. 마지막으로 시험 기간에 굶지 말고 맛있는 음식을 먹어야 한다. 공부하다가 스트레스로 머리가 아플 때 초콜릿이나 과일 주스와 같은 단 음식을 먹는 것도 스트레스 해소에 좋다.

이제 시험 기간에 스트레스로 힘들 때 이런 방법으로 도움을 받아 보면 어떨까? 지금보다 즐거운 시험 기간을 보낼 수 있을 것이다.

6 단원 내가 사는 도시

어휘와 표현 1_ 도시와 시골 p. 72

1. (1) ④ (2) ③ (3) ② (4) ①

2. (1) 소음이 심하지 (2) 가로등이 적어서 (3) 물가가 저렴해서 (4) 인심이 좋아요

3. (1) 사람들로 붐볐다 (2) 공기가 맑고 (3) 고층 빌딩이 많았다 (4) 거리가 환했다

어휘와 표현 2_ 여행지의 특징 p. 73

1. (1) 위치한 (2) 중심지라서/중심지여서 (3) 옛 모습을 보존하고

2. (1) ① (2) ③ (3) ②

3. (1) 활기가 넘치는 (2) 역사가 깊은 (3) 자연과 조화를 이루고 있는

문법 1_ A/V-았/었었- p. 74

1. (1) 적었었는데 (2) 없었었는데 (3) 썼었는데 (4) 봤었어요

2. (1) 살았었어요 (2) 내성적이었었어요 (3) 좋았었는데 (4) 마셨었는데

문법 2_ A/V-(으)ㄴ/는 반면(에) p. 75

1. (1) 쉬운 반면(에) (2) 편리한 반면(에) (3) 드는 반면(에) (4) 있는 반면(에)

2. (1) 해야 하는 반면(에) (2) 자유로운 반면(에) (3) 습한 반면(에) (4) 오는 반면(에)

문법 3_ A/V-던 p. 76

1. (1) 다니던 (2) 유행하던 (3) 놀던 (4) 재미있던

2. (1) 먹던 (2) 읽는 (3) 보던 (4) 추운

문법 4_ A/V-(으)ㄹ 뿐(만) 아니라 p. 77

1. (1) 가까울 뿐(만) 아니라 (2) 냉장고뿐(만) 아니라 (3) 위치하고 있을 뿐(만) 아니라 (4) 건물일 뿐(만) 아니라

2. (1) 줄 뿐(만) 아니라 (2) 맛없을 뿐(만) 아니라 (3) 좋을 뿐(만) 아니라 (4) 찍었을 뿐(만) 아니라

더 알아보기_ A/V-(으)ㄴ/는 덕분에 p. 78

1. (1) ④, 끝난 덕분에 제시간에 퇴근할 수 있을 것 같아요
   (2) ⑤, 여는 덕분에 제가 매일 아침 식사를 할 수 있어요
   (3) ②, 알려 준 덕분에 길을 잘 찾을 수 있었어요
   (4) ①, 들은 덕분에 듣기 실력이 좋아졌어요
   (5) ③, 덥지 않은 덕분에 여름을 건강하게 보냈어요

2. (1) 친구들 덕분에 (2) 성격 덕분에 (3) 풍경 덕분에 (4) 응원 덕분에

듣고 쓰기 p. 79

1.

진차오	안나 씨, 오랜만이에요. 방학 잘 보냈어요?
안나	네. 진차오 씨도 잘 지냈어요? 저는 방학 동안 강릉에서 지냈는데 아주 좋았어요.
진차오	강릉요? 저는 안 가 봤는데 산과 바다가 아름다운 곳이라고 들었어요.
안나	맞아요. 정말 자연이 아름다운 도시였어요.
진차오	교통이 불편하지는 않았어요? 서울보다 편하지 않았을 것 같아요.
안나	네. 서울은 지하철이 있어서 교통이 편한 반면에 강릉은 지하철이 없어서 그게 조금 불편했어요.
진차오	그렇군요. 저도 한번 가 보고 싶은데 사람들이 많지는 않아요?
안나	주말에 유명한 여행지에 갔었는데 그땐 사람들이 정말 많았어요. 그렇지만 평일에는 붐비지 않는 편이었어요. 공기도 맑고 사람들 인심도 좋아서 지내기 좋았어요.
진차오	그렇군요. 서울이 아닌 다른 도시에서 생활해 보는 것도 재미있는 경험이 되겠네요.

(1) ③

(2) ① 교통이 편한 반면(에) ② 유명한 여행지에 갔었는데

2.

마테오	유나 씨, 제 친구가 한국에 오는데 서울 말고 다른 곳에 가고 싶어 해요. 그래서 경주에 갈까 하는데 경주는 뭐가 유명해요?
유나	마테오 씨, 경주에 가려고요? 경주는 한국에서 가장 역사가 깊은 도시 중 하나예요. 1400년쯤 전에는 한국 역사의 중심지였었거든요. 그래서 도시 곳곳에 역사적인 건물과 장소가 많아요. 박물관에서 옛날에 사람들이 생활하던 모습도 볼 수 있고요.
마테오	그렇군요. 경주에 가면 유적지 구경 말고 또 뭘 하면 좋아요?
유나	경주에 호수가 있는데 그 근처에는 놀이공원도 있고 미술관이나 맛집도 있어요. 유적지에서는 역사적인 모습을 볼 수 있는 반면에 호수 근처에서는 현대적인 모습을 볼 수 있어요. 그리고 바다도 가까워서 환상적인 일출도 볼 수 있어요.
마테오	유나 씨 말을 들으니까 경주가 더 궁금해지네요. 알려 줘서 고마워요.
유나	아니에요. 제가 경주 여행을 할 때마다 가던 맛집과 숙소 정보도 메시지로 보내 줄게요. 친구하고 즐겁게 보내세요.

(1) ①

(2) ① 한국 역사의 중심지였었다 ② 사람들이 생활하던 ③ 모습을 볼 수 있는 반면(에)

말하기 pp. 80~81

1. (1) ②

2. (1) ① (2) ③

(3) ① 태국에서 친구가 와서 서울을 구경하기로 했어요
② 그중에서 고속터미널역 쇼핑몰이 쇼핑하기 좋은 곳으로 유명해요
③ 예쁜 카페가 많을 뿐(만) 아니라 한강 공원도 가까워서 재미있는 시간을 보낼 수 있어요
④ 고속터미널역 쇼핑몰에서는 몇 시까지 쇼핑할 수 있어요

읽고 쓰기 pp. 82~83

1. (1) ③

2. (1) ① (2) ② (3) ①

3.

부산과 전주

한국에는 여러 도시가 있지만 그중 부산과 전주는 독특한 매력을 가지고 있는 한국의 대표적인 도시다. 사회, 경제, 문화, 교통 등 다양한 면에서 중요한 도시인 부산과 전주는 공통점도 있고 차이점도 있다.

부산과 전주는 도시 곳곳에 구경할 곳이 많아서 한국인뿐만 아니라 외국인들도 즐겨 찾는 유명한 여행지이다. 두 도시 모두 음식과 축제가 유명하다. 부산에서는 다양한 해산물과 길거리 음식 등을 맛볼 수 있고 전주에서는 전주 비빔밥과 한정식 등을 먹어 볼 수 있다. 두 도시에서는 국제영화제와 같은 다양한 축제도 열린다.

반면에 부산과 전주는 다른 점도 있다. 위치와 분위기, 할 수 있는 활동이 다르다. 부산은 바닷가에 위치하고 있어서 아름다운 해변에서 서핑을 할 수 있을 뿐만 아니라 해수욕도 즐길 수 있다. 또한 고층 빌딩이 많아 현대적이고 활기가 넘치는 분위기를 느낄 수 있다. 이와 달리 전주는 바다에서 멀리 떨어져 있고 전통적이고 여유 있는 분위기를 가지고 있다. 한옥 마을 등 역사적인 유적지에서 한국의 옛 모습을 볼 수 있을 뿐만 아니라 한복, 차, 전통 액세서리 등 한국의 전통문화도 체험해 볼 수 있다.

두 도시는 많은 사람들에게 사랑받는 한국의 대표적인 도시다. 활기 넘치는 도시 부산과 전통의 도시 전주는 이렇게 다른 모습으로 한국의 매력을 보여 준다.

지은이 소개

책임 연구원 **이정연**
이화여자대학교 언어교육원 전임강사
한국외국어대학교 국어국문학과 박사

공동 연구원 **김민정**
이화여자대학교 언어교육원 전임강사
이화여자대학교 한국학과 박사

윤여옥
이화여자대학교 언어교육원 책임강사
이화여자대학교 한국학과 석사

전우주
이화여자대학교 언어교육원 책임강사
이화여자대학교 한국학과 박사 수료

최형연
이화여자대학교 언어교육원 책임강사
이화여자대학교 한국학과 석사

주현하
이화여자대학교 언어교육원 책임강사
이화여자대학교 한국학과 박사